SECRETS, ASTUCES ET RECETTES POUR CUISINER BIEN, BON, PAS CHER

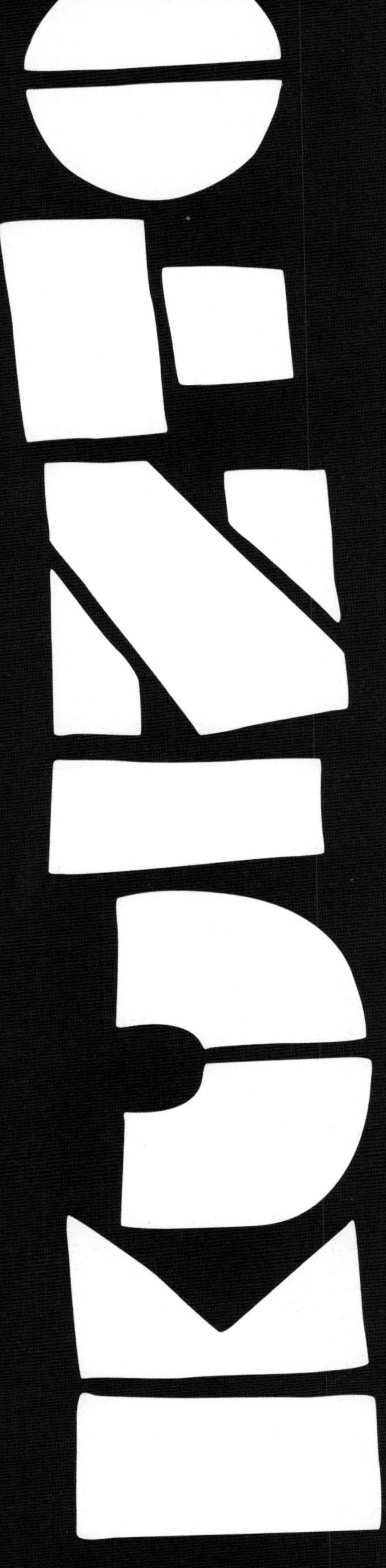

SECRETS, ASTUCES ET RECETTES POUR CUISINER BIEN, BON, PAS CHER

Les Éditions Transcontinental

Les Éditions Transcontinental
1100, boul. René-Lévesque Ouest, 24e étage
Montréal (Québec) H3B 4X9
Téléphone : 514 392-9000 ou 1 800 361-5479

Pour connaître nos autres titres, consultez **www.livres.transcontinental.ca**
Pour bénéficier de nos tarifs spéciaux s'appliquant aux bibliothèques d'entreprise ou aux achats en gros, informez-vous au **1 866 800-2500**.

Catalogage avant publication de Bibliothèque et Archives nationales du Québec et Bibliothèque et Archives Canada
Vedette principale au titre :
Kuizto
(sous-titre) : Secrets, astuces et recettes pour cuisiner bien, bon, pas cher
Comprend un index.
Texte en français seulement.
ISBN 978-2-89472-503-0
1. Cuisine rapide. 2. Cuisine économique. I. Tablée des chefs (Organisme).
TX833.5.K84 2010 641.5'55 C2010-942172-8

Direction de la production
Mathieu de Lajartre

Coordination et rédaction
Anne-Louise Desjardins

Assistée de
Julie Cantoro, chef-enseignante La Tablée des chefs
D'après une idée originale de Jean-François Archambault
Directeur général et fondateur La Tablée des chefs

Conception graphique et direction artistique
G Branding/Jean-François Goodhue, Sébastien Provost

Révision, stylisme culinaire et correction d'épreuves
Anne-Louise Desjardins

Aide au stylisme culinaire
Laurent J. Lavigne

Photographie des recettes (et de tout le reste)
Maxime Juneau-Hotte

Impression
Transcontinental Interglobe

Imprimé au Canada

Dépôt légal – Bibliothèque et Archives nationales du Québec, 4e trimestre 2010
Bibliothèque et Archives Canada

Nous reconnaissons l'aide financière du gouvernement du Canada par l'entremise du Fonds du livre du Canada pour nos activités d'édition.

Nous remercions également la SODEC de son appui financier (programmes Aide à l'édition et Aide à la promotion).

Les Éditions Transcontinental sont membres de l'Association nationale des éditeurs de livres.

Table des matières

Les bons cuisiniers ne manqueront jamais d'amis.

Vieil adage culinaire

CONFIDENCES DU FONDATEUR DE LA TABLÉE DES CHEFS

J'ai commencé à cuisinier avec ma mère vers l'âge de 12 ans parce que j'étais curieux, mais surtout gourmand. Je voulais voir, découvrir et goûter à ce que j'avais préparé bien avant que ce soit sur la table. Cette gourmandise et cette curiosité, jumelées à l'accueil favorable de ma mère dans la cuisine familiale, me permettent aujourd'hui de nourrir ma famille et, à mon tour, d'ouvrir la porte de ma propre cuisine à ma petite fille de trois ans. Aucun doute : Daphnée est en avance sur son père !

Le premier livre de recettes dont je me souvienne, c'est le fameux *Grand livre de la cuisine*, de Pol Martin. C'était un ouvrage mythique chez nous, ma mère le suivait comme une sorte de « guide spirituel gourmand » qui la rassurait. Ainsi, même si elle modifiait toujours ses recettes, elle pouvait s'appuyer sur une excellente base. Ma mère était une fameuse cuisinière, à l'aise autant dans les plats mijotés que dans les desserts, ces pures merveilles qui animaient nos fêtes familiales. Elle avait surtout de solides acquis, ayant été à bonne école avec ma grand-mère, qui était aussi une très bonne cuisinière. Monique, ma mère, m'a donc transmis sa passion et m'a passé ses secrets, me permettant d'aller aussi à bonne école en l'observant et en l'assistant dans ses préparations quotidiennes destinées à nourrir notre famille de cinq personnes.

Le livre *Kuizto*, pour moi, c'est un peu un hommage à ma mère et à Pol Martin ; ils faisaient une équipe imbattable dans la cuisine de mon enfance et, ensemble, ils m'ont permis de développer la passion de ma vie, qui est de nourrir les gens et de transmettre des connaissances culinaires. Depuis quelques années, j'essaie de traduire cette passion concrètement en organisant des activités d'enseignement des rudiments de la cuisine aux jeunes Québécois, qui devront éventuellement quitter la maison et se débrouiller seuls.

J'ai moi-même quitté le domicile familial à 24 ans, et ce départ s'est fait dans des circonstances très difficiles. Au début du mois de mai 2000, ma mère a été hospitalisée à l'hôpital Sacré-Cœur pour une dernière tentative de traitement afin d'éradiquer le cancer qu'elle combattait depuis 10 ans. De mon côté, je venais d'accepter un emploi au Mont Tremblant et j'avais déniché mon premier logement dans les montagnes de Sainte-Adèle, au cœur des Laurentides. J'avais très hâte d'y recevoir ma mère pour lui préparer un premier repas à la maison, qui lui montrerait qu'elle avait de quoi être fière de m'avoir si bien passé le flambeau. Mais ce moment tant attendu ne s'est jamais matérialisé : le 28 mai 2000, j'ai perdu la personne qui comptait le plus dans ma vie, une partie de mon cœur et celle qui me servait de « guide spirituel gourmand »...

Histoire de lui rendre hommage et désireux de faire fructifier l'héritage qu'elle m'a donné, j'ai ramassé quelques recettes traditionnelles qu'elle réalisait si bien et le fameux *Grand livre* de Pol Martin et je me suis lancé à mon tour dans l'aventure de la cuisine. Je ne l'ai jamais regretté.

Cuisiner, c'est le meilleur moyen de bien s'alimenter quand le budget est serré ; c'est valorisant et ça permet de se serrer les coudes autour de l'essentiel avec les gens qu'on aime. Pour tous les jeunes adultes qui découvriront ce livre, j'espère que vous oserez vous l'approprier et que, même si vos créations ne sont pas parfaites à tout coup, que *Kuizto* vous donnera envie de persévérer. J'espère aussi que vous ferez comme ma mère et que vous utiliserez ces recettes comme une simple base afin de préparer vos propres chefs-d'œuvre et que vous inviterez les amis et la famille à partager votre repas. Car manger seul, c'est plutôt ennuyant et c'est un peu triste ; d'autant plus que cuisiner pour deux ou quatre ne coûte pas nécessairement plus cher.

Je souhaite aussi que le livre *Kuizto* soit le début d'une grande aventure et d'une belle complicité entre les jeunes apprentis-cuisiniers québécois et La Tablée des Chefs. Mon rêve est tout simple : voir un jour ce livre changer de mains et être offert à vos enfants, qui auront autant, sinon davantage de plaisir à cuisiner que vous en aurez eu. C'est ma mère, Monique, qui serait contente !

Jean-Francois Archambault
Directeur général et fondateur
de La Tablée des Chefs

UN LIVRE DE RECETTES DURABLE

La Tablée des Chefs est le moteur d'implication sociale des chefs, cuisiniers et pâtissiers du Québec. Nous les mobilisons dans trois grands axes d'implication sociale, soit la récupération de leurs surplus alimentaires, la préparation de repas prêts-à-manger et la transmission de leurs connaissances culinaires vers les jeunes en difficulté, afin de réduire leur éventuelle dépendance à l'aide alimentaire.

Grâce à son partenariat avec les Éditions Transcontinental, La Tablée des Chefs remettra gratuitement 5000 exemplaires du livre à plus de 5 000 jeunes qui quitteront le réseau des Centres Jeunesse du Québec dès l'âge de 18 ans. Ces jeunes deviennent donc responsables de leur alimentation bien avant la moyenne québécoise, dont le départ du foyer familial se situe plutôt entre 23 et 25 ans. Le livre sera intégré au « Coffre à outils alimentaires », réalisé grâce au financement du Secrétariat à la jeunesse, de Québec en forme et de la Fondation Québec Jeunes. Ce coffre servira de levier d'intervention pour les éducateurs et les familles d'accueil, qui contribueront à développer l'autonomie alimentaire des jeunes avant leur départ du centre d'accueil. Il est crucial de transmettre nos connaissances à tous ces jeunes, car pour la plupart, ils n'ont pas eu la chance de vivre une histoire comme la mienne en cuisine, avec leur propre mère, qui leur permettrait de bien se débrouiller dans la vie. Ces jeunes n'ont pas de filet social et doivent absolument faire partie de nos principales priorités. Il faut leur transmettre le goût de la vie à travers le plaisir de bien manger, de même que la joie et la valorisation qui viennent avec la réalisation de la plus simple des recettes !

Ceci
n'est pas
un livre
de cuisine.
C'est un
rêve
réalisé.

Celui de Jean-François Archambault, le génial et généreux fondateur de La Tablée des Chefs, qui met toute son âme et tout son talent à chercher des moyens pour développer l'autonomie alimentaire chez les Québécois. À commencer par les jeunes moins nantis et leur famille. Son argument massue ? Le plaisir... Plaisir de manger ce qu'on a préparé, mais aussi et peut-être surtout, plaisir de cuisiner pour ceux qu'on aime et de vivre des moments précieux en leur présence autour d'un repas simple et réconfortant. Ça c'est un vrai gros bonheur !

Alors, quand Jean-François m'a demandé de réfléchir à un concept de livre sur les rudiments de la cuisine pour les jeunes qui partent vivre en appartement, j'étais ravie et émue. Car je considère la cuisine comme un condensé de vie, la meilleure des écoles, le lieu de tous les partages et des plus belles découvertes. La cuisine, c'est aussi un langage nouveau auquel s'initier progressivement, un maître exigeant qui enseigne la rigueur et la patience sans jamais manquer d'offrir sa récompense au bout de l'effort. Et comme Jean-François, je crois sincèrement que c'est aussi dans la cuisine que naît, mine de rien, la véritable liberté. Car choisir de bien se nourrir, choisir de préparer son budget d'épicerie, de consacrer une partie de son temps et de ses loisirs à la préparation des repas, puis au partage autour de ces repas, c'est choisir de se donner de précieux moyens pour mieux vivre sa vie. Ça procure un sentiment de fierté et de contrôle sur son environnement qui ne peut qu'influencer positivement le reste de nos actions en renforçant notre estime de nous-mêmes.

C'est ce rêve que Jean-François caressait avec *Kuizto* : montrer le chemin de la liberté aux jeunes et leur permettre de se fabriquer de beaux souvenirs en socialisant autour d'un gros chaudron de soupe. Leur offrir des moments de bonheur tout simples par l'acquisition de connaissances qui leur seront utiles toute leur vie et qui leur feront apprécier d'autant plus leur nouvelle vie en « appart » qu'ils y auront vécu des moments heureux, avec des amis et tenté toutes sortes d'expérimentations souvent drôles, parfois frustrantes, mais toujours enrichissantes.

Kuizto a été conçu pour vous apprendre à concocter des repas simples, sains et délicieux à une fraction du prix de la bouffe-minute et des repas congelés. Comment ? Grâce à des techniques faciles pour maîtriser rapido presto les trucs des pros ; à l'aide d'astuces pour mieux manger à meilleur coût; et par l'ajout d'infos concises sur le rôle des aliments et leur valeur nutritionnelle. Nous pensons que vous apprécierez nos 80 recettes dûment testées ; nous les avons voulues aussi sexy que faciles à préparer et économiques. Des recettes pour tous les jours autant que pour recevoir, qui ont été photographiées par mon complice Maxime Juneau-Hotte, un jeune comme vous, gourmand comme je les aime, et qui passe pas mal de temps à popoter avec ses copains. La plupart de ces plats ont été créés par mes soins et ceux de mon amie Julie Cantoro, chef-enseignante à La Tablée des chefs. D'autres sont des cadeaux offerts par des toqués réputés : Jérôme Ferrer, Alexandre Loiseau, Diane Tremblay, Patrice Demers, les cuisiniers du restaurant Le Saint-Amour et Danny Saint-Pierre. Comme vous, ces chefs ont commencé par les bases avant de devenir les experts qu'ils sont aujourd'hui. Ils vous raconteront leur histoire...

Maintenant, au boulot ! Et bon appétit...

Anne-Louise Desjardins
Coordonnatrice de Kuizto
et gourmande de profession

Pour mieux s'organiser

Lors de leur formation professionnelle, tous les cuisiniers font l'apprentissage des secrets qui feront d'eux de vrais professionnels. Ces secrets n'ont rien à voir avec un choix d'ingrédients compliqué ou une créativité en cavale. Ces futurs chefs découvrent rapidement que le chemin vers la réussite passe d'abord par leur capacité à bien organiser leur cuisine et à la maintenir impeccable en tout temps. Bienvenue au royaume des pros !

UNE CUISINE EFFICACE

Des bons outils pour du bon travail : c'est la règle d'or de tous les artisans, du peintre en bâtiment au boulanger, en passant par le cordonnier, l'informaticien, le coiffeur, le plombier ou le cuisinier.

Pour bien cuisiner, pas besoin d'un arsenal compliqué. Il faut d'abord un **poêle** et un **frigo** qui fonctionnent bien. Vérifier la température du réfrigérateur avec un petit thermomètre. Elle doit être maintenue autour de 4 °C (38 °F) pour conserver les aliments de façon sécuritaire. On vérifiera aussi l'exactitude de la température du four, qui varie d'un appareil à l'autre.

Le **plan de travail** doit être suffisamment grand pour faire facilement ses préparations, qu'on appelle, dans le métier, des mises en place. On choisit donc un espace sur le comptoir de cuisine ou sur un ilot confortable pour travailler et dresser ses plats de service. C'est autour de ce plan de travail que l'on disposera nos outils.

Ensuite, c'est le **lavabo**, le meilleur ami du cuisinier. Entre chaque manutention d'aliments, les chefs se lavent les mains à l'eau chaude savonneuse pour éviter la prolifération de bactéries et la contamination croisée. Nous y reviendrons. Le lavabo est donc un élément crucial du plan de travail et doit être muni en tout temps de savon et d'une serviette propre pour s'essuyer les mains.

La batterie de cuisine est l'arsenal dans lequel on cuit les aliments. Voici ses 10 éléments-clés :

01 Grande **Poêle à frire**, idéalement avec fond de cuivre, pour bien répartir la chaleur.

02 *Casserole* avec **bain-marie** intégré et couvercle. Le bain-marie permet de cuire à feu très doux des aliments fragiles (chocolat, sauces, préparations aux œufs, etc.)

03 **Faitout** allant au four pour préparer de la sauce à spaghetti en grande quantité, chilis, soupes, viandes braisées, mijotés ou pour cuire une volaille.

04 **Casserole à deux poignées pour les pâtes** ; permet de faire bouillir beaucoup d'eau.

05 **Marguerite**, petit tamis de métal ou de matière plastique qui permet de cuire les légumes à la vapeur, pour éviter les pertes de vitamines et de minéraux au contact de l'eau.

06 **Plaque de cuisson** pour cuire biscuits, légumes, pizza, noix, croûtons, etc. Deux, c'est mieux !

07 **Plat de cuisson rectangulaire**, pour préparer gratins et gâteaux ; le pyrex est pratique, car il va aussi au four à micro-ondes.

08 **Moule à pain**, pour cuire le pain de viande et certains gâteaux.

09 **Moule à gâteau** rond pour cuire les desserts.

10 **Passoire à petits trous**, assez grande et solide pour égoutter pâtes, riz, tamiser la farine, etc.

DES BONS OUTILS
POUR DU BON TRAVAIL

Les ustensiles et accessoires permettent de travailler, tout simplement. Car avant de cuire, il faut mesurer, couper, hacher, fouetter, mélanger, émulsionner, alouette ! Voici les 25 incontournables :

01 2 planches à découper, une pour les légumes, le pain, les noix, etc. et une pour la viande, les poissons et les fruits de mer. Privilégier le bois aux matières plastiques, plus difficiles à désinfecter.

02 1 couteau de chef et un couteau à lames dentelées, pour le pain et les éléments plus délicats

03 1 couteau économe solide, pour éplucher carottes, panais, concombres ou pommes de terre

04 1 ouvre-boîte de qualité + 1 tire-bouchon pour le vin

05 2 tasses à mesurer en pyrex (résistantes à la chaleur ; 500 ml et 2 litres)

06 1 jeu de cuillères à mesurer (pour éviter les erreurs)

07 1 spatule-cuillère pour mélanger (ou cuillères de bois)

08 1 fouet à main pour délayer la vinaigrette, brasser la sauce béchamel, mélanger l'omelette, etc.

09 1 râpe à fromage avec au moins deux types de lames : grosses et petites

10 1 jeu de 3 bols à mélanger (le pyrex est pratique, car il va aussi au four à micro-ondes).

11 1 louche pour servir la soupe et les sauces

12 1 spatule pour cuire pain doré, crêpes, omelettes, viandes, etc.

13 1 écumoire (cuillère à trous pour le service) et 1 cuillère à sauce

14 Des plats avec couvercles pour conserver les restes

15 1 grille-pain

16 1 cafetière (pour les amateurs ! Celles de verre avec filtre de papier sont économiques)

17 1 presse-purée ou pilon à pommes de terre (pour patates pilées et purées de légumes)

18 1 jeu de deux poignées isolantes

19 1 thermomètre à cuisson (permet cuissons parfaites à tout coup et évite le gaspillage)

20 1 couteau zesteur

21 1 salière et 1 poivrière

22 1 presse-agrumes

23 1 pince de cuisine

24 1 paire de ciseaux de cuisine (à l'usage exclusif de la nourriture)

25 1 aiguiseur à couteau

Les alliés pratiques mais non indispensables. Pas obligatoires, ils nous facilitent pourtant grandement la vie !

01 1 mélangeur à main ou 1 mélangeur électrique sur socle

02 1 four à micro-ondes

03 1 batteur électrique

04 1 rôtissoire

05 1 casserole supplémentaire

06 1 moule à muffins

07 1 moule à tartre

08 1 presse-ail

09 1 petit barbecue

10 1 essoreuse à salade

Les 10 aides de cuisine pour faciliter la préparation et le nettoyage

01 Papier parchemin

02 Papier d'aluminium

03 Pellicule plastique pour emballer les aliments

04 Sacs de plastique à congélation

05 Essuie-tout

06 Chiffons propres pour laver et essuyer les surfaces

07 Linges à vaisselle

08 Tampons à récurer

09 Savon à vaisselle et lavette (ou tampon de nylon pour laver)

10 Brosse de nylon pour laver les légumes

UN PLAN DE TRAVAIL NICKEL

S'il y a une chose qui distingue les bons cuisiniers de la masse des cuistots, c'est bien la propreté de leur cuisine. Les aliments sont des denrées **périssables**, qui se détériorent rapidement à l'air libre, à température ambiante et après un séjour trop prolongé au frigo ou au garde-manger. Pour éviter les empoisonnements alimentaires qui proviennent le plus souvent d'une hygiène inadéquate, il est crucial de respecter les règles suivantes :

01 Toujours se laver les mains à l'eau chaude savonneuse avant de commencer.

02 Bien désinfecter le **plan de travail** (comptoir, planches à découper, ustensiles, plaque de cuisson) avant de commencer à l'aide d'un nettoyant prévu à cet effet.

03 Utiliser des **couteaux** et des **planches à découper** différents pour les aliments crus d'origine animale (poulet, poisson, viande) et les aliments d'origine végétale (fruits, légumes, noix, herbes).

04 Bien nettoyer ces ustensiles entre chaque utilisation.

05 Ne jamais mettre des aliments crus et des aliments cuits dans un même contenant, ce qui pourrait occasionner une **contamination croisée** (exemple : on coupe du poulet cru et avec le même couteau, sans le nettoyer, des tranches de concombre).

06 Se laver les mains à l'eau chaude savonneuse entre chaque opération (couper du poulet, se laver les mains ; trancher des légumes, se laver les mains ; râper du fromage, se laver les mains, etc.).

07 Préparer toute sa mise en place de produits végétaux (hacher et sauter les légumes, hacher des noix, etc.) avant de s'attaquer aux aliments crus d'origine animale (poulet, viande, poisson). Sortir ces aliments du frigo à la dernière minute.

08 Toute marinade ayant servi pour un aliment cru doit être bouillie 5 minutes avant d'être incorporée à un plat.

09 Il est important de bien laver, brosser et essorer les légumes et les fruits avant de les préparer.

10 S'assurer de toujours utiliser des aliments frais, dont la date de péremption n'est pas dépassée.

11 Ne jamais dégeler d'aliments sur le comptoir de cuisine, car des bactéries risquent de les contaminer. Les placer au réfrigérateur, dans l'eau froide ou au four à micro-ondes.

12 Ne pas laisser d'aliments cuits refroidir plusieurs heures sur le poêle ou le comptoir. Les mettre dans des contenants hermétiques et les placer rapidement au frigo ou au congélateur.

LA SÉCURITÉ, SUFFIT D'Y PENSER

En cuisine, on manipule des objets coupants, on utilise une chaleur intense et on travaille souvent dans une certaine urgence, ce qui multiplie les risques d'accidents. Les consignes suivantes contribueront à créer un environnement sécuritaire.

01 Porter un tablier et des souliers fermés, retirer bagues, bracelets, bijoux et s'attacher les cheveux (ou porter une casquette).

02 Ne pas se promener sur de longues distances avec un couteau dans les mains ni le tenir plus haut que la taille. Le couteau est toujours tenu par le manche, lame vers le bas.

03 Ne jamais s'amuser à se tirailler ou à courir dans la cuisine.

04 Toujours débrancher les appareils électriques avant de les nettoyer.

05 Toujours fermer le rond avant de retirer une casserole du feu. C'est un bon réflexe à développer.

06 Garder son poste de travail propre, sans encombrement.

07 Ramasser tout liquide échappé sur le sol, pour éviter de glisser.

08 Ne jamais laisser une marmite sur le feu sans surveillance.

09 Ne pas faire deux choses à la fois et être très attentif lorsque l'on transporte des plats chauds.

10 Toujours avoir les mitaines isolantes sous la main.

LE DÉFI DE BIEN S'ALIMENTER À BON PRIX

Se familiariser avec le Guide alimentaire canadien est simple et permet de mieux comprendre le rôle de l'alimentation dans une bonne santé. Il divise les aliments en quatre grands groupes : viandes et substituts (tofu, œufs, beurre d'arachides, légumineuses), produits laitiers, fruits et légumes, produits céréaliers (pain, céréales à déjeuner, pâtes alimentaires, riz, etc.).

Le Guide alimentaire canadien permet aussi de visualiser la quantité et la qualité de nourriture nécessaires pour chacun des quatre groupes d'aliments, en fonction de son âge, de son sexe et de son niveau d'activité. Cela simplifie la planification des menus et la préparation des repas.

Les explications sont données en termes de portions nécessaires : par exemple, combien de portions de viande et substituts, de produits laitiers, de fruits et légumes et de produits céréaliers sont nécessaires à une jeune femme de 20 ans qui étudie et s'entraîne 1 heure par jour ? Muni de cet outil, on a tout ce qu'il faut pour bien s'alimenter à bon prix.

Pour en savoir plus : http://www.hc-sc.gc.ca/fn-an/food-guide-aliment/index-fra.php

DES STRATÉGIES D'ACHAT FUTÉES

Lorsqu'on dispose d'un budget limité, il est essentiel de bien planifier ses achats de nourriture pour s'assurer d'avoir de quoi manger toute la semaine. Voici quelques stratégies gagnantes pour y parvenir.

01 Commencer par calculer le **budget total** dont vous disposez et le **diviser par le nombre de repas nécessaires**. Par exemple, selon le Guide alimentaire canadien, un jeune adulte doit manger au moins 3 portions de fruits et autant de portions de légumes chaque jour. (3 fruits × 7 jours = 21 portions de fruits). Déterminer ensuite quels fruits acheter pour atteindre cet objectif minimal. Les répartir ensuite dans le menu de la semaine. Faire de même avec les protéines (viande, poisson et substituts), les produits laitiers et les féculents.

02 Une fois par semaine, **surveiller les spéciaux** proposés dans les circulaires d'épicerie.

03 Préparer le **menu en fonction de ces spéciaux**. Par exemple, si vous aviez envie de manger des poitrines de poulet, mais que les hauts de cuisse sont deux fois moins chers, il est avantageux d'adapter sa recette pour profiter de cette aubaine.

04 Lorsqu'un grand spécial se présente, en faire **double provision et congeler la moitié**.

05 Préparer ensuite une **liste d'achat en fonction des spéciaux** et de ce qui manque dans le frigo et le garde-manger.

06 **Limiter l'achat de produits frais** à la semaine en cours et au début de la semaine suivante pour éviter le gaspillage (yogourt, fruits, légumes).

07 Prévoir aussi un budget pour les **denrées non alimentaires** (savon à vaisselle, mouchoirs, etc.).

08 Planifier plusieurs **repas végétariens**, car ils coûtent 40 % moins cher que ceux à base de viande, tout en étant souvent bénéfiques pour la santé. Ils contiennent davantage de fibres, de vitamines et minéraux, d'antioxydants et moins de gras saturés. Des exemples intéressants : chili végé, sauté de tofu, salade de fèves mexicaine, soupe aux lentilles, etc.

09 Prévoir du **temps pour cuisiner** et préparer la nourriture achetée.

10 S'amuser régulièrement à organiser une **séance de cuisine collective** avec des copains.

la liste d'épicerie

UN GARDE-MANGER PRATIQUE ET ÉCONOMIQUE

Le garde-manger idéal, c'est celui qui nous permet de se cuisiner des repas rapides et faciles, même à la dernière minute. Voici ses caractéristiques :

01 Il contient tous les ingrédients de base nécessaires à des préparations variées, mais se concentre sur les aliments essentiels à une bonne santé.

02 Il compte juste assez de réserves pour nous éviter le gaspillage.

03 Il est bien rangé, les produits y sont accessibles et facilement visibles par catégories d'ingrédients.

04 Les tablettes sont recouvertes de papier parchemin ou d'un plastique lavable pour les garder propres plus longtemps.

05 Il contient peu de produits préparés (biscuits, soupes, bonbons, boissons gazeuses, croustilles, craquelins), qui coûtent très cher et ne sont pas essentiels à une bonne santé, au contraire !

Astuce : Préparer soi-même ses goûters et collations permet de sauver de 30 % à 40 % de sa facture d'épicerie.

Les 6 sections du garde-manger

01 Boulangerie (farine, poudre à pâte, cassonade, farine d'avoine, etc.)

02 Déjeuner (confitures, beurre d'arachide, céréales à déjeuner, etc.)

03 Conserves salées (maïs, tomates, légumineuses en boîte, bouillon de poulet, etc.)

04 Pâtes, riz et légumineuses (spaghetti, risotto, couscous, orge, lentilles sèches, etc.)

05 Conserves sucrées (ananas, sirop d'érable, miel, etc.)

06 Condiments et épices (câpres, persil, marjolaine, huile d'olive, vinaigre, sel, poivre, etc.)

La liste d'épicerie du garde-manger. Voici les essentiels du garde-manger, par sections, pour créer sa liste d'achat à l'épicerie

Section boulangerie

01 Farine tout usage non blanchie ou de blé entier
02 Poudre à pâte
03 Soda à pâte
04 Sucre blanc
05 Cassonade
06 Gélatine en feuilles ou en poudre
07 Flocons d'avoine
08 Poudre de cacao et chocolat noir en pépites
09 Noix (amandes entières, arachides non salées, noix d'acajou, etc.)
(Les grosses quantités de noix doivent être conservées au congélateur.)

Section Déjeuner

01 Confitures et tartinades favorites
02 Beurre d'arachide naturel (sans sucre, huile hydrogénée ou sel)
03 Céréales sèches en boîte prêtes à manger
04 Granola et barres de céréales
05 Café, thé

Section sucrée

01 Ananas, pêches, poires en conserve
02 Fruits secs : canneberges, raisins, dattes, abricots
03 Sirop d'érable
04 Miel

Section Conserves salées

01 Tomates en boîte
02 Pâte de tomate
03 Jus de tomate ou de légumes
04 Bouillon de poulet et de bœuf
05 Crème de champignons
06 Maïs en boîte (ou dans la section produits congelés)
07 Thon dans l'eau, saumon, crabe, crevettes en boîte (ou congelées)
08 Pois chiches, lentilles, haricots rouges en conserve
09 Lait de soya non sucré
10 Tofu emballé extra-ferme emballé sous vide

Condiments et épices

01 Huile d'olive
02 Huile de canola biologique (ne contient pas d'OGM)
03 Huile de sésame grillé
04 Vinaigre de vin rouge
05 Vinaigre blanc
06 Sauce soya à teneur réduite en sel
07 Câpres
08 Moutarde
09 Mayonnaise
10 Relish
11 Sauce pimentée asiatique (sambal olek)
12 Olives dénoyautées
13 Tomates séchées
14 Sel, poivre
15 Fines herbes : thym, persil, marjolaine, estragon, basilic, origan
16 Épices : cannelle, cumin, muscade, graines de coriandre, clou de girofle, poudre de cari, flocons de piment
17 Ail frais, échalotes sèches, oignons en sac

Section Pâtes et légumineuses

01 Spaghetti
02 Pâtes courtes (farfalle, macaroni, penne, etc.)
03 Riz brun à grains longs
04 Riz à risotto (Carnaroli ou Arborio)
05 Nouilles asiatiques (vermicelles, soba au sarrasin, etc.)
06 Légumineuses sèches (pois chiches, haricots rouges, lentilles, haricots noirs, etc.)
07 Orge
08 Couscous
09 Quinoa

UN FRIGO IMPECCABLE

Comme pour le garde-manger, le réfrigérateur et son congélateur seront **divisés en sections**, où l'on pourra retrouver facilement les produits frais ou congelés, ce qui permet de limiter le gaspillage. Pour les mêmes raisons, **on évitera de les surcharger d'aliments**.

Tout doit être parfaitement emballé, surtout la viande. Elle doit être dans son propre tiroir, séparée des fruits, légumes et produits laitiers, pour éviter la contamination croisée. On entrepose **les œufs dans leur emballage d'origine** pour préserver leur fraîcheur et on les place **sous le tiroir à viande**.

On réserve **une section distincte au lait, fromage, yogourt** et, si nécessaire, on réunit les fromages dans un contenant de plastique pour mieux les retrouver.

Les **fruits** et **légumes sont entreposés dans les bacs prévus à cet effet, au bas du frigo**. On vérifiera régulièrement leur contenu, qui est très périssable, et on fera ce que les chefs appellent **le roulement d'inventaire**. Les menus de la semaine doivent être composés en fonction de ces aliments périssables. Par exemple, si le brocoli a déjà passé 5 jours au frigo, on s'assurera de le cuisiner avant le chou-fleur qu'on a acheté le jour même.

Les **restes et les plats cuisinés** se retrouveront sur la tablette supérieure pour qu'on ne les oublie pas et on les y placera une fois qu'ils seront préalablement refroidis et bien emballés.

Il faut nettoyer le réfrigérateur une fois par semaine en inspectant les aliments qui s'y trouvent et en jetant ceux qui ne sont plus frais. On lavera ensuite les tablettes avec une eau tiède savonneuse.

Il importe de toujours faire sa liste d'épicerie frigo en fonction des menus choisis en regardant les spéciaux dans les circulaires. On divise ensuite les portions par le nombre de repas requis pour éviter de trop acheter.

QUELQUES TECHNIQUES INCONTOURNABLES

Pour apprendre leur métier, les cuisiniers reçoivent une formation approfondie dans des écoles hôtelières et ils participent à des sessions de formation continue tout au long de leur carrière. Nous vous proposons ici de découvrir des techniques de base pour commencer en toute sécurité votre carrière de cuistot...

Les fruits et les légumes : de fabuleux complices pour mieux vivre

Le Guide alimentaire canadien recommande de manger 6 à 8 portions de fruits et de légumes par jour. Pourquoi autant ? Parce que ce sont de véritables médicaments naturels ; ils sont riches en fibres, en vitamines, en minéraux et en antioxydants. Ces substances (pigments) responsables de la belle couleur de la carotte, de l'orange ou de la framboise ont chacune une fonction protectrice bien spéciale. Elles ont pour mission de protéger les végétaux contre les envahisseurs (rayons ultraviolets, pollution, etc.). Mais ce qui est génial pour nous, c'est que cette protection très efficace est passée aux être vivants qui ont la bonne idée de consommer à leur tour des légumes et des fruits.

Pour manger fruits et légumes avec plaisir, il suffit de les préparer adéquatement, ce qui préservera leur goût et leur texture.

La coupe des fruits et des légumes

01 **En brunoise :** hacher finement, en touts petits dés, c'est tailler en brunoise ;

02 **En julienne :** on fait d'abord de fines tranches, qu'on coupe ensuite sur la longueur ;

03 **En rondelle :** c'est pour la soupe, le sauté ou la salade de fruits ;

04 **En tronçon :** c'est utile pour les mijotés, les braisés ou les couscous ; on ajoute les légumes environ 45 minutes avant la fin de la cuisson pour qu'ils restent **al dente** (croquants).

05 **En bouquet :** Les légumes à tête frisée, comme le brocoli ou le chou-fleur, doivent être séparés en bouquets et ajoutés en toute fin de cuisson.

La cuisson des légumes

Il faut les cuire le moins longtemps possible, pour préserver leur valeur nutritive, leur texture, leur couleur et leur saveur. Toujours diviser les légumes entre ceux qui sont longs à cuire (carottes, panais, pommes de terre, patates sucrées, rutabagas, etc.) et ceux qui cuisent rapidement (courgettes, oignons, champignons, brocoli, choux de Bruxelles, etc.).

01 **Légumes sautés :** à la poêle ou au wok (poêle asiatique), dans une petite quantité d'huile ou de bouillon et à feu vif. On commence par les plus longs à cuire et on garde chaque légume croquant. Cuire en plusieurs fois pour de meilleurs résultats.

02 **Légumes blanchis :** on plonge 1 à 2 minutes dans l'eau bouillante salée, puis dans un bac d'eau glacée pour les garder croquants et fixer leur couleur. Les chefs utilisent souvent cette technique, puis ils terminent la cuisson des légumes en sautant à l'huile quelques minutes, juste avant le service. Très utilisé avec les légumes verts (asperges, haricots, choux de Bruxelles).

03 **Légumes ou fruits grillés :** pour concentrer les saveurs par la caramélisation. On préchauffe le four ou le gril à 200 °C (400 °F). Sur une plaque, on arrose d'huile d'olive et de fines herbes (ou de miel, sirop d'érable, cassonade pour les fruits) et on dispose légumes ou fruits en laissant de l'espace entre eux. Sinon, ils cuiront à la vapeur au lieu de griller. On brasse à l'occasion et on cuit jusqu'à obtenir une jolie caramélisation. On peut aussi les placer huilés directement sur le gril du barbecue.

04 **Légumes vapeur :** laver les légumes et les mettre dans une marguerite (sorte de passoire), qu'on dépose dans une casserole plus grande où il y a un peu d'eau bouillante. On cuit à couvert à feu vif, en surveillant le niveau d'eau. Les légumes ne doivent pas toucher à l'eau en cuisant, sinon les éléments nutritifs passent dans l'eau. On peut ajouter cette eau de cuisson aux soupes et aux sauces. La cuisson vapeur se fait aussi au four à micro-ondes, de la même façon, mais avec un plat de matière plastique spécialement adapté.

05 **La cuisson en papillote :** utile pour les légumes, les viandes et les poissons, elle concentre les saveurs en cuisant les aliments dans une petite pochette faite de papier parchemin ou de papier d'aluminium. On place les aliments au centre d'une feuille, on arrose d'un peu de bouillon, vin blanc, jus de citron, d'un filet d'huile ou d'un peu de beurre, on assaisonne, on referme et on cuit. C'est une technique diététique et facile, qui concentre les saveurs avec subtilité.

Marinade et vinaigrette : émulsionner ou pas ?

01 **La marinade** permet d'aromatiser viandes, poissons et légumes. Elle est composée d'éléments liquides comme de l'huile, du vin, du vinaigre, du jus de fruits et des aromates. Lorsqu'on lui ajoute un ingrédient acide comme le jus de citron, elle peut même attendrir les viandes à cause des enzymes qu'il contient. On y laisse les ingrédients plus ou moins longtemps : 30 minutes à 1 heure pour les poissons et fruits de mer, jusqu'à 24 heures pour les viandes et on se contente d'en badigeonner les légumes et les fruits en cours de cuisson, car ils n'absorbent pas la marinade.

02 **La vinaigrette** est une proche parente de la marinade et elle sert à assaisonner les salades à base de laitue et de crudités et les légumes cuits. On l'utilise aussi pour des salades-repas qui comportent de la viande et un féculent (pommes de terre, pâtes, riz, etc.)

02 **La vinaigrette classique française** comporte 1 part de vinaigre (ou jus de citron) pour 3 parts d'huile. Elle contient aussi des condiments, au choix : moutarde, anchois, ail, câpres, sel et poivre, fines herbes. Elle se conserve jusqu'à 2 semaines au réfrigérateur.

Pour que les ingrédients de la marinade ou de la vinaigrette se mélangent bien, toujours ajouter l'huile en dernier.

01 **La vinaigrette crémeuse** est à base de mayonnaise. On peut en faire une version allégée en mélangeant yogourt nature et mayonnaise à parts égales, qu'on délaie avec un peu de lait et de la moutarde.

02 **La vinaigrette émulsionnée** a une texture très crémeuse, comme celle de la salade César. On l'obtient en mélangeant énergiquement au fouet dans un bol tous les ingrédients de la vinaigrette, sauf l'huile. Ensuite, sans cesser de battre au fouet (ou au mélangeur), on ajoute l'huile en un mince filet jusqu'à ce qu'elle s'amalgame parfaitement aux autres ingrédients. Certaines recettes ajoutent un jaune d'œuf mollet, qu'on met avant l'huile.

La cuisson des œufs :
à la coque, mollet, dur, brouillé, en omelette

Les œufs sont une aubaine à tous points de vue : très économiques, ils sont faciles à préparer, contiennent peu de calories (75 par œuf) et sont très riches en protéines d'excellente qualité. Parfaits pour le brunch, on ne devrait pas les réserver exclusivement au déjeuner !

01 **À la coque :** le blanc est coagulé et le jaune est coulant. On les cuit entiers 4 minutes dans l'eau bouillante.

02 **Mollet :** le blanc est complètement cuit, mais le jaune est tiède et coulant. On les cuit entiers 5 à 6 minutes dans l'eau bouillante.

03 **L'œuf dur :** on en fait des sandwichs ou des œufs farcis. On le plonge entier dans une casserole d'eau froide, qu'on amène à ébullition. On ferme le feu et on laisse à couvert dans cette eau bouillante 30 minutes. On rince sous l'eau froide courante jusqu'à ce qu'il soit froid (sinon on aura un cerne noir autour du jaune). Ensuite, on écale en retirant aussi la petite peau sous la coquille, on rince bien et on éponge avant de farcir ou de hacher. Se conserve 2 jours au frigo.

04 **Brouillé :** dans un bol, on casse les œufs, on retire le germe avec une cuillère et on fouette avec un peu de lait (15 ml par œuf). On verse dans une poêle chaude légèrement huilée et on cuit en brassant avec une spatule. Retirer du feu quand les œufs sont encore très crémeux, car ils continueront à cuire. Délicieux sur des rôties beurrées, avec de la ciboulette hachée.

05 **Au miroir ou tourné :** on casse délicatement l'œuf dans une poêle chaude légèrement huilée et on cuit à feu moyen jusqu'à ce que le blanc soit pris et le jaune encore coulant et brillant. On retourne à la spatule délicatement, si désiré, et on retire tout de suite du feu.

06 **En omelette :** Même technique que précédemment. On ne brasse pas les œufs dans la poêle. Mais quand les bords commencent à coaguler, on soulève un côté avec une spatule pour faire passer les œufs non cuits. On termine la cuisson à couvert et à feu doux, après avoir ajouté légumes sautés, jambon, fromage, au goût.

LA CUISSON DES VIANDES OU DES POISSONS : BRAISER, RÔTIR, POÊLER ET POCHER

01 **Braiser** consiste à cuire une viande à couvert et à feu très doux dans une casserole, avec peu de liquide, d'habitude du vin et/ou du bouillon. La cuisson est très lente et on utilise des coupes de viande très économiques, donc plus coriaces. Le résultat est savoureux.

02 **Rôtir**, c'est cuire au four en créant une belle surface uniformément grillée ; on l'utilise pour le poulet, la dinde, les pièces de viande plus chères, comme la côte de bœuf ou le rôti de porc. Le four est préchauffé à 200 °C (400 °F) et la viande cuit à découvert. On l'arrose régulièrement.

03 **Poêler**, c'est sauter à la poêle sur feu vif et dans un corps gras chaud. On retourne la pièce de viande une fois. Cela permet de faire cuire des steaks, des escalopes, des côtelettes. Permet aussi une cuisson rosée ou saignante tout en caramélisant en surface.

04 **Pocher** veut dire cuire à feu très doux dans un liquide. On utilise cette technique surtout pour la volaille ou les poissons et fruits de mer. On commence par préparer un bouillon savoureux qu'on amène à ébullition et qu'on laisse réduire quelques minutes. On y plonge ensuite soit la volaille soit le poisson ou le fruit de mer et on réduit le feu au minimum, à frémissement, jusqu'à ce que la cuisson soit complétée.

LA BÉCHAMEL ET SES DÉRIVÉS

C'est une sauce épaissie à la farine, au lait ou au bouillon. Elle est la base de nombreux plats français et de sauces qui ne sont pas des réductions **(vin et bouillon cuits très longtemps)**. On la prépare en faisant d'abord un roux (moitié beurre/moitié farine), qu'on fait cuire à feu moyen 5 minutes en brassant constamment. On ajoute ensuite du lait chaud en fouettant et on cuit jusqu'à épaississement. On peut aussi la faire avec du bouillon. Elle permet de préparer une sauce Mornay (béchamel au fromage gruyère), une crème pâtissière (sauce sucrée) une sauce rosée (avec de la pâte de tomate), des potages en ajoutant du bouillon et des légumes en purée, sans oublier le pâté au saumon ou au poulet et toutes sortes de plats au gratin.

DÉJEUNERS
1

granola beau-bon-pas cher

12 à 16 portions

Coût moyen par portion : 0,75 $

125 ml (½ tasse) huile de canola
125 ml (½ tasse) miel liquide
75 ml (5 c. à soupe) eau
10 ml (2 c. à thé) essence de vanille pure
125 ml (½ tasse) cassonade
750 ml (3 tasses) flocons d'avoine
125 ml (½ tasse) biscuits Graham écrasés
125 ml (½ tasse) céréales de riz soufflé
125 ml (½ tasse) graines de tournesol écalées
125 ml (½ tasse) raisins secs dorés

01 Préchauffer le four à 180 °C (350 °F). 02 Dans une petite casserole, chauffer l'huile de canola, le miel, l'eau et l'essence de vanille sans faire bouillir. 03 Dans un grand bol, mélanger la cassonade, les flocons d'avoine, les biscuits Graham, le riz soufflé et les graines de tournesol. Verser le liquide chaud sur les ingrédients secs et mélanger avec une cuillère de bois pour bien enrober. 04 Chemiser deux plaques de cuisson avec du papier parchemin et répartir le mélange sur les plaques. Cuire 15 minutes, sortir les plaques du four et mélanger. Remettre au four 10 minutes de plus. Attention que le granola ne brûle pas. Au sortir du four, ajouter les raisins secs et laisser refroidir.

Papier parchemin

Plaque de cuisson

Cuillère de bois

Bol

Petite casserole

Cuillères à mesurer

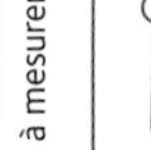

Tasse à mesurer

TROQUER C'EST DE SANTÉ
Pour changer le goût, remplacer le miel par du sirop d'érable, les raisins par des canneberges, les graines de tournesol par des graines de citrouille.

DENT SUCRÉE
Pour un super dessert, saupoudrer un peu de granola sur de la crème glacée ou du yogourt aux fruits. Excellente source de fibres et de protéines si mangé avec des produits laitiers.

Muffins aux bleuets

24 muffins (2 muffins par portion)

Coût moyen par portion : 1,00 $

375 ml (1 ½ tasse) farine tout usage
375 ml (1 ½ tasse) farine de blé entier
15 ml (1 c. à soupe) poudre à pâte
3,5 ml (¾ c. à thé) sel
5 ml (1 c. à thé) muscade
2,5 ml (½ c. à thé) piment de la Jamaïque
3 œufs
375 ml (1 ½ tasse) yogourt nature
250 ml (1 tasse) cassonade non tassée
125 ml (½ tasse) huile de canola
10 ml (2 c. à thé) essence de vanille
500 ml (2 tasses) bleuets frais

01 Préchauffer le four à 180 °C (350 °F). Déposer des papiers à muffins dans les moules. 02 Dans un grand bol, mélanger la farine, la poudre à pâte, le sel, la muscade et le piment de la Jamaïque. Dans un autre bol, mélanger les œufs, le yogourt, la cassonade, l'huile et la vanille. 03 Verser les ingrédients liquides sur les ingrédients secs et mélanger juste assez pour humidifier le tout. Éviter de trop mélanger, sinon les muffins seront durs et secs. Ajouter les bleuets dans le mélange et brasser délicatement pour les incorporer. 04 Verser dans les moules à muffins et remplir aux trois-quarts. Enfourner pour environ 15 minutes ou jusqu'à ce qu'un cure-dent inséré au centre d'un muffin ressorte propre.

Papiers à muffins

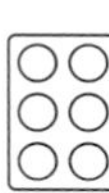

Moules à muffins

Tasse à mesurer

Cuillères à mesurer

Cuillère de bois

Bol

ASTUCE NUTRITION
La belle couleur bleue des bleuets leur vient de composés qui ont d'importantes propriétés pour la santé et qu'on appelle des antioxydants. Les chercheurs pensent qu'ils aideraient à préserver la mémoire, en plus d'être bons pour le cœur et de contribuer à nous protéger contre de nombreuses maladies.

TROQUER C'EST DE SANTÉ
Pour varier, on peut remplacer les bleuets par des canneberges et ajouter des noix.

GRUAU DÉCADENT POUR TENIR TOUTE LA JOURNÉE

2 portions d'affamé (4 portions moyennes)

Coût moyen par portion: 2,00$ pour une portion d'affamé, 1,00$ pour une portion normale

375 ml (1 ½ tasse) gruau à cuisson rapide
750 ml (3 tasses) boisson de soya non sucrée (ou de lait 2%)
Pincée de sel
125 ml (½ tasse) abricots secs hachés
125 ml (½ tasse) canneberges séchées
125 ml (½ tasse) amandes (ou autre noix) non salées
Boisson de soya (ou lait 2%) pour garnir
Cassonade ou sirop d'érable au goût (facultatif)
Enduit antiadhésif (de type Pam)

01 Hacher les amandes grossièrement et mettre de côté. Vaporiser une casserole moyenne d'enduit antiadhésif pour éviter que le gruau ne colle. Amener le gruau, la boisson de soya et le sel à ébullition à feu moyen. 02 Lorsque le mélange bout, baisser le feu, ajouter les fruits séchés et couvrir. Laisser mijoter une dizaine de minutes, en remuant de temps en temps. Retirer du feu et laisser reposer 5 minutes. Répartir dans deux ou quatre bols. Arroser de boisson au soya (ou de lait 2%), garnir de noix et de cassonade (ou de sirop d'érable) et servir.

Casserole moyenne

Tasse à mesurer

Cuillères à mesurer

Couteau

Planche à découper

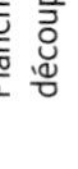

PETIT FUTÉ NUTRITION
La boisson de soya bio est riche en protéines et pauvre en gras. Elle a un peu le goût et la texture de la crème, mais sans les calories!

LE CLUB DES AUDACIEUX
Pour plus de saveur, griller les noix à 180 °C (350 °F) 10 minutes. Elles se conserveront au moins 2 semaines dans un pot bien scellé.

Muffins anglais dans la marge

Bol
Cuillère
Ouvre-boîte
Couteau
Planche à découper

2 portions

Coût moyen par portion : 1,50 $

2 muffins anglais de blé entier séparés en deux
60 ml (¼ tasse) ananas haché, sans le jus
125 ml (½ tasse) fromage ricotta
60 ml (¼ tasse) pépites de chocolat noir

01 Mélanger tous les ingrédients, sauf le pain. Faire griller les muffins anglais. Tartiner ensuite la préparation au fromage ricotta sur les muffins anglais. Déguster.

RADIN GOURMAND
Pas besoin de mettre beaucoup de chocolat pour donner beaucoup de saveur et d'originalité ! Une pincée suffit.

PETIT FUTÉ NUTRITION
Les muffins anglais sont nourrissants, se conservent bien et on peut les déguster autant avec des œufs qu'en mini-pizza ou au dessert, avec des guimauves grillées et du chocolat fondu.

TROQUER C'EST DE SANTÉ
Cette recette est délicieuse avec fraises, bleuets ou bananes. Ajouter alors un peu de miel.

CRÊPES FACILES
RECETTE DE BASE

Spatule 

Poêle 

Cuillères à mesurer 

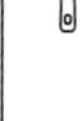

Tasse à mesurer 

Fouet 

Bol 

8 à 10 crêpes (selon la taille de la poêle et l'épaisseur des crêpes)

Coût moyen par portion : 0,50 $ + le coût de la garniture

175 ml (¾ tasse) farine blanche non blanchie
2,5 ml (½ c. à thé) sel
5 ml (1 c. à thé) sucre
1 œuf, légèrement battu
175 ml (¾ tasse) lait
15 ml (1 c. à soupe) beurre fondu ou huile de canola
+ huile de canola pour huiler la poêle

01 Dans un bol, mélanger la farine, le sel et le sucre. Dans un autre bol, mélanger l'œuf battu, le lait et le beurre fondu ou l'huile. Verser sur les ingrédients secs et battre juste assez pour mélanger les ingrédients. Laisser reposer la pâte 30 minutes. 02 Chauffer une poêle sur feu vif jusqu'à ce qu'une goutte d'eau y danse 2 ou 3 secondes avant de s'évaporer. Ajouter un peu d'huile, puis verser un peu de mélange à crêpe. Répartir uniformément à l'aide d'une spatule et baisser la température à feu moyen. 03 Cuire la crêpe jusqu'à ce qu'elle fasse des bulles et se détache facilement des bords. La retourner délicatement avec une spatule et cuire 1 minute de plus avant de servir avec des fruits, du fromage, du jambon ou du sirop d'érable, au goût. 04 Pour servir plusieurs convives en même temps, déposer les crêpes cuites dans un four préchauffé à 100 °C (220 °F) au fur et à mesure qu'elles sont prêtes en les empilant les unes sur les autres.

TROQUER C'EST DE SANTÉ
On peut faire des galettes de sarrasin de la même manière. Simplement remplacer la farine blanche par de la farine de sarrasin bio.

DÉCOUVERTE
Les Américains font des crêpes petites et épaisses, les pancakes, en remplaçant le lait par du babeurre, tandis que les Français font des crêpes minces comme du papier, les bretonnes, en étalant finement leur pâte sur une plaque à l'aide d'une spatule de bois.

Sandwichs aux œufs durs

4 portions

Coût moyen par portion : 1,00 $ par sandwich

8 œufs larges ou extra-larges
4 petits pains de type ciabatta ou 8 tranches de pain
60 ml (4 c. à soupe) mayonnaise
4 ciboules (échalotes vertes), avec la partie verte, hachées
1 branche de céleri, hachée finement
1 gros cornichon à l'aneth, haché finement (facultatif)
Sel et poivre, au goût

01 Dans une casserole moyenne, déposer les œufs, recouvrir d'eau froide et amener à ébullition. Fermer le feu, couvrir et laisser reposer 30 minutes. 02 Égoutter l'eau de la casserole et refroidir les œufs sous l'eau froide courante. Retirer les œufs de la casserole, les égoutter, puis les écaler en cognant délicatement le bas de la coquille sur une surface dure. Retirer tous les morceaux de coquille et la peau située entre l'œuf et la coquille. Rincer à l'eau froide et assécher sur un essuie-tout.
03 Déposer dans un bol et hacher avec une fourchette jusqu'à ce que mélange soit grumeleux. Ajouter le reste des ingrédients et mélanger délicatement. Assembler les sandwichs et servir avec des crudités.

Cuillère à soupe

Planche à découper

Couteau

Fourchette

Casserole moyenne

DÉCOUVERTE
Le vrai nom de l'échalote verte est la ciboule.

PETIT FUTÉ NUTRITION
Pour réduire les matières grasses, remplacer la moitié de la mayo par du yogourt nature et 5 ml (1 c. à thé) de poudre de cari. On peut garnir de laitue, luzerne, radis tranchés ou concombre.

Œufs brouillés en deux temps, trois mouvements

4 portions

Coût moyen par portion : 1,25 $

9 œufs larges ou extra-larges
30 ml (2 c. à soupe) beurre
60 ml (4 c. à soupe) lait
30 ml (2 c. à soupe) cheddar râpé ou feta (facultatif)
30 ml (2 c. à soupe) ciboulette fraîche, hachée
Sel et poivre, au goût
8 tranches de pain ou de baguette grillées et beurrées

01 Dans un bol, casser les œufs. Ajouter lait, ciboulette, sel et poivre et bien battre à la fourchette. 02 Chauffer la poêle à feu moyen. Ajouter le beurre et fondre jusqu'à ce qu'il mousse. Verser les œufs dans la poêle et laisser prendre les bords. À l'aide d'une spatule, racler le fond et les parois pour décoller les œufs cuits. Répartir le mélange partout pour qu'il prenne uniformément en le brassant souvent jusqu'à ce qu'il soit presque cuit, mais encore crémeux. Retirer de la poêle et ajouter le fromage râpé. Mélanger un peu. Servir sur des rôties ou des morceaux de baguette grillés et beurrés.

Poêle

Spatule

Couteau

Râpe

Planche à découper

Fourchette

Bol

PETIT FUTÉ NUTRITION

L'œuf est le meilleur ami de celui qui rushe ! 2 œufs comblent le tiers de nos besoins quotidiens en protéines.

LE CLUB DES AUDACIEUX

Pour des œufs savoureux, essayer des fines herbes fraîches, du fromage, des champignons sautés, du paprika ou de la sauce piquante.

SMOOTHIE-
DÉJEUNER AFFRIOLANT

3 à 4 portions

Coût moyen par portion : 1,50 $

375 ml (1,5 tasse) fraises congelées
375 ml (1 ½ tasse) yogourt nature
250 ml (1 tasse) jus d'orange
1 banane mûre
30 ml (2 c. à soupe) miel ou sirop d'érable
Céréales granola (facultatif)

01 Mettre tous les ingrédients, sauf le granola, dans le bol du mélangeur et pulser jusqu'à ce que le mélange soit mousseux et homogène. Verser dans des grands verres et servir avec du granola en garniture ou des rôties pour un déjeuner complet.

Couteau à découper

Planche à découper

Tasse à mesurer

Mélangeur

RADIN GOURMAND
Ce déjeuner dans un verre est parfait pour ceux qui n'ont pas d'appétit le matin. Excellente source de protéines et de calcium.

CLUB DES AUDACIEUX
Remplacer le yogourt par du tofu soyeux, les fraises par des bleuets, la banane par une mangue bien mûre et le granola par des noix hachées.

Spatule

Poêle à frire

Fouet

Tasse à mesurer

Bol

Pain doré à se lécher les doigts

2 portions

Coût moyen par portion : 1,50 $

4 tranches épaisses de pain de ménage de la veille (absorbera mieux les œufs)
3 œufs
60 ml (4 c. à soupe) lait
5 ml (1 c. à thé) essence de vanille
20 ml (4 c. à thé) beurre
Pincée de sel
Pincée de muscade râpée (facultatif)
Cheddar râpé et sirop d'érable pour garnir

01 Dans un bol, mélanger au fouet tous les ingrédients, sauf le pain. Déposer 2 tranches de pain dans le mélange à la fois et les presser légèrement pour bien les imbiber. 02 Mettre une poêle antiadhésive à feu moyen et chauffer jusqu'à ce que quelques gouttes d'eau dansent avant de s'évaporer. Avec une poêle ordinaire, il faudra mettre plus de matières grasses. 03 Ajouter le beurre et le laisser fondre jusqu'à ce qu'il mousse. Égoutter les tranches de pain et les déposer dans la poêle. Cuire 5-7 minutes par côté, en pressant légèrement avec la spatule à l'occasion, jusqu'à ce que le pain soit bien doré. Attention de ne pas le laisser brûler. Retourner les tranches de pain et terminer la cuisson. Servir avec du cheddar râpé et du sirop d'érable.

PETIT FUTÉ NUTRITION

Riche en calcium, le fromage aide à maintenir des os et des dents en bonne santé. Au Québec, on en produit plus de 300 variétés.

RADIN GOURMAND

Au retour de l'épicerie, congeler le pain 4 tranches à la fois dans une pellicule plastique pour éviter de le gaspiller. Cela permet de profiter des aubaines.

Frittata au fromage et aux légumes des jours de fête

Spatule

Poêle à frire

4 portions

Coût moyen par portion : 2,00 $

8 œufs larges ou extra-larges
10 ml (2 c. à thé) persil séché
2,5 ml (½ c. à thé) thym séché
60 ml (4 c. à soupe) lait ou jus de tomate
1 oignon haché finement
1 poivron rouge haché finement
250 ml (1 tasse) brocoli ou chou-fleur, en bouquets
8 champignons tranchés
125 ml (½ tasse) fromage cheddar ou gruyère râpé
60 ml (4 c. à soupe) huile végétale
Sel et poivre, au goût
8 tranches de pain grillées et beurrées ou 4 petits pains

Couteau

Planche à découper

Tasse à mesurer

01 Chauffer le four à « Broil ». 02 Dans une grande poêle dont le manche va au four, chauffer la moitié de l'huile et sauter les légumes à feu moyen-vif avec le persil et le thym jusqu'à ce qu'ils soient tendres. Saler et poivrer et réserver dans un bol. 03 Dans un autre bol, fouetter les œufs à la fourchette avec le lait ou le jus de tomate. Saler et poivrer. Faire chauffer le reste de l'huile dans la poêle à feu moyen et y verser les œufs. Laisser prendre les parois, puis soulever délicatement un côté avec une spatule pour faire glisser une partie du mélange non cuit dans le fond de la poêle. Faire la même chose avec l'autre côté de la poêle. 04 Lorsque l'omelette est prise sur les bords, ajouter les légumes sautés et parsemer de fromage râpé. Mettre au four à « Broil » 1 à 2 minutes, jusqu'à ce que le fromage soit fondu. Retirer du four, déposer sur une planche. Découper la frittata en pointes et servir avec le pain.

Cuillères à mesurer

Fourchette

Bol

LE CLUB DES AUDACIEUX
Pour qu'une omelette soit réussie, elle doit rester légèrement « baveuse ». Les œufs trop cuits prennent un goût de soufre.

TROQUER C'EST DE SANTÉ
La frittata est plus épaisse qu'une omelette et sa cuisson est terminée au four. Elle s'accommode de tous légumes grillés ou sautés, de terre, jambon, fromage et bacon.

2
Colla-
tions
et
repas
sur le
pouce

Fourchette
Papier parchemin
Plaque à biscuits
Cuillère de bois
Bol
Cuillères à mesurer
Tasse à mesurer

Biscuits à l'avoine

Rendement : 24 à 30 biscuits (1 portion = 2 biscuits)

Coût moyen par portion : 0,50 $

250 ml (1 tasse) beurre mou
250 ml (1 tasse) cassonade
10 ml (2 c. à thé) extrait de vanille pure
500 ml (2 tasses) flocons d'avoine à cuisson rapide
5 ml (1 c. à thé) soda à pâte
250 ml (1 tasse) farine tout usage
125 ml (½ tasse) farine blé entier
160 ml (⅔ tasse) eau
2,5 ml (½ c. à thé) cannelle
125 ml (½ tasse) fruits séchés, au goût
(canneberges, raisins secs, abricots hachés, dattes, etc.)

01 Préchauffer le four à 180 °C (350 °F). 02 Crémer le beurre et la cassonade. Ajouter tous les autres ingrédients, mélanger juste assez pour humecter et laisser reposer 20 minutes. 03 Déposer le mélange à la cuillère sur une plaque de cuisson recouverte d'un papier parchemin en laissant environ 5 cm (2 po) entre les biscuits. Aplatir légèrement chaque biscuit avec une fourchette. 04 Cuire de 8 à 12 minutes, ou jusqu'à ce que les biscuits soient dorés. Sortir du four, laisser refroidir sur la plaque et mettre dans des contenants hermétiques.

PETIT FUTÉ NUTRITION

Grâce à ses fibres, l'avoine est une céréale qui libère son énergie lentement dans l'organisme, ce qui est parfait pour des performances sportives optimales.

LE CLUB DES AUDACIEUX

Pour plus de saveur et une meilleure valeur nutritive, on peut ajouter 125 ml (½ tasse) de pacanes ou d'amandes hachées.

Spatule
Plaque à biscuits
Cuillère de bois
Planche à découper
Couteau
Cuillères à mesurer
Tasse à mesurer

PIZZAS «NAAN» AU BŒUF HACHÉ ET À L'OIGNON

4 portions

Coût moyen par portion : 2,50 $

454 g (1 lb) bœuf haché maigre
15 ml (1 c. à soupe) huile végétale
1 oignon tranché finement
2 gousses d'ail écrasées et hachées finement
1 boîte tomates à l'italienne en dés
2,5 ml (½ c. à thé) origan séchés
2,5 ml (½ c. à thé) épices à l'italienne
250 ml (1 tasse) champignons tranchés
½ piment vert ou rouge, en lanières
250 ml (1 tasse) fromage mozzarella râpé
4 pains naan (pains plats indiens disponibles en épicerie)
250 ml (1 tasse) épinards hachés finement (pour garnir)
1 tomate fraîche, en dés (pour garnir)
Sel et poivre, au goût

01 Chauffer le four à 220 °C (425 °F). 02 Dans une poêle, faire revenir l'oignon dans l'huile végétale à feu moyen-vif pour le ramollir. Ajouter le bœuf haché et poursuivre la cuisson en mélangeant bien jusqu'à ce que le bœuf haché ait perdu sa teinte rosée. Saler et poivrer au goût. 03 Ajouter les tomates en boîte, l'origan, les épices italiennes et les piments broyés et laisser mijoter 15 minutes ou jusqu'à ce que le mélange épaississe. Répartir la préparation sur les deux pains naan. Garnir avec les champignons, le piment et le fromage. 04 Cuire au four sur la grille du bas pendant 15 à 20 minutes en vous assurant que la pâte ne brûle pas. Entre-temps, mélanger les épinards hachés et les dés de tomates fraîches dans un bol. À la sortie de four, garnir les pizzas de ce mélange et servir.

Chef : Diane Tremblay, *Le Privilège, Saguenay*

ASTUCE NUTRITION
Pour une version végétarienne, le bœuf haché peut être remplacé par de la protéine de soya, qui apportera le même contenu en protéines et une texture semblable, mais sans le gras saturé.

TROQUER C'EST DE SANTÉ
Remplacer les poivrons par des courgettes, le fromage mozzarella par du feta et ajouter des olives noires tranchées pour obtenir une pizza à la grecque.

Moule
Casserole moyenne
Cuillères à mesurer
Tasse à mesurer
Bol
Couteau
Planche à découper

Cretons très-très-très maison

8 à 10 portions

Coût moyen par portion : 1,00 $ + pain

454 gr (1 lb) porc haché maigre
250 ml (1 tasse) mie de pain
1 oignon haché finement
1 pincée clou de girofle en poudre
1 pincée cannelle en poudre
Sel et poivre, au goût
250ml (1 tasse) lait
1 gousse d'ail hachée finement
1 feuille de laurier
1 branche de thym frais

01 Mettre tous les ingrédients, sauf la mie de pain, dans une casserole. Couvrir et cuire pendant 1 heure à feu moyen en remuant de temps en temps. 02 Retirer le laurier et le thym, ajouter la mie de pain, brasser et verser le mélange dans un moule ou dans plusieurs petits bols. Faire refroidir 24 heures au frigo avant de servir.

Chef : Alexandre Loiseau, *Bistro Cocagne, Montréal*

ASTUCE PARESSEUX ORGANISÉ
Ce plat est un des plus faciles à faire qui soit. Pourquoi ne pas en profiter pour préparer une double recette et congeler les surplus en portions individuelles ?

ASTUCE NUTRITION
Pour un repas complet, tartiner au moins 75 ml (5 c. à soupe) sur du pain complet, servir avec une salade verte et un dessert nourrissant à base de yogourt ou de lait.

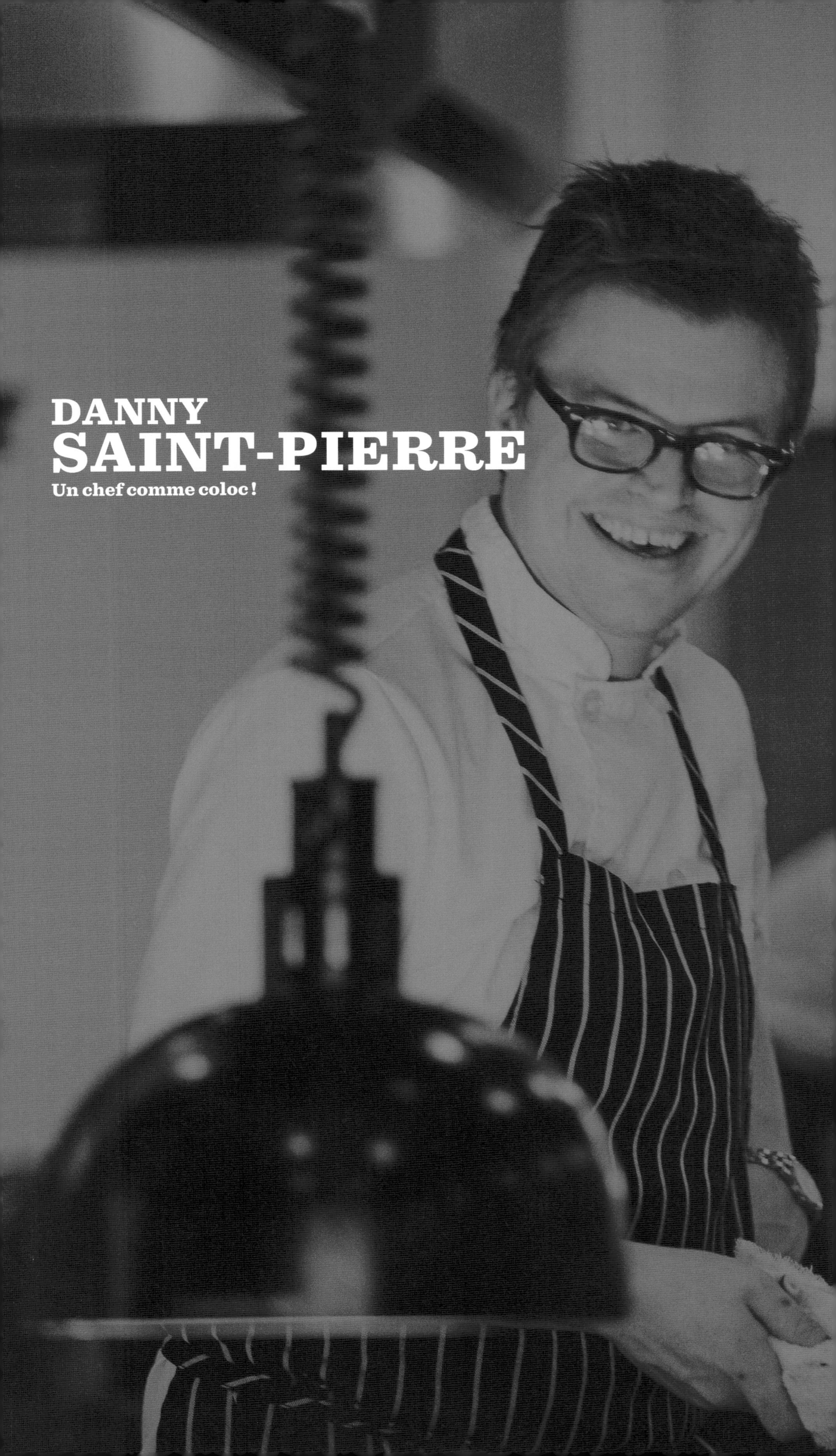

DANNY SAINT-PIERRE

Un chef comme coloc !

Pays d'origine
Canada

Années d'expérience en cuisine
17

Nombre de restaurants
1

Nom des restaurants
Auguste

Recette dont tu es le plus fier
La poutine inversée

Ton plat favori
Smoked meat ou cigares au chou

Ton livre de cuisine favori
L'encyclopédie culinaire de Jehanne Benoît

Si tu vivais à faibles revenus et que tu ne pouvais manger qu'une seule chose, que choisirais-tu ?
Du riz brun

Quelle conserve est essentielle dans une armoire ?
Des tomates pelées

Une recette très rapide et savoureuse
Une omelette Western

Une recette de gang
Penne Arrabiata

Les ingrédients de base à avoir toujours sous la main
Oignons et beurre

Une épicerie pour 40 $/semaine devrait comprendre quoi ?
Pain multrigrains, riz brun, lentilles, haricots verts, betteraves, pommes, bœuf haché, poulet, cheddar, beurre, tofu

Trucs et conseils minute pour apprenti-cuisinier
Se faire un plan de travail et une liste d'épicerie pour ne pas dépasser le budget

L'instrument essentiel à avoir sous la main dans la cuisine
Un pied mélangeur

Végé-Burgers

4 portions

Coût moyen par portion : 2,00 $

Boulettes

250 ml (1 tasse) gourganes sèches, trempées une nuit (ou autres haricots secs tels que rognons, rouges, romains)
2 gousses d'ail émincées
400 ml (1,7 tasse) persil plat haché
1 botte ciboules (échalotes vertes) hachées
7,5 ml (1 ½ c. à thé) cumin en poudre
2,5 ml (½ c. à thé) poudre à pâte
6,5 ml (1,2 c. à thé) sel
30 ml (2 c. à soupe) coriandre fraîche hachée
Huile végétale pour frire
2 grosses tomates mûres, en tranches
1 oignon rouge, en fines rondelles
½ tête de laitue romaine tranchée

Vinaigrette Tahini

125 ml (½ tasse) pâte de sésame tahini
Jus et le zeste de 2 citrons
4 gousses d'ail écrasées et hachées
Sel au goût

Boulettes

01 Égoutter les gourganes, les mettre au robot ou au mélangeur avec les autres ingrédients et pulser jusqu'à ce que le tout tienne ensemble. Façonner en boulettes en les modelant selon la forme du pain. Frire les boulettes dans environ 5 cm (2 po) d'huile chaude dans une poêle. Éponger sur du papier absorbant. 02 Assembler les végéburgers dans un petit pain de blé entier chaud avec les tomates, la laitue et les oignons rouges arrosés d'un bon filet de vinaigrette tahini.

Vinaigrette Tahini

01 Mélanger tous les ingrédients au robot, au mélangeur ou au fouet. Détendre avec un filet d'eau jusqu'à obtenir la texture d'une crème épaisse. Servir sur les végéburgers.

Chef : Danny Saint-Pierre, *Bistro Auguste, Sherbrooke*

Spatule

Poêle

Couteau

Planche à découper

Cuillères à mesurer

Tasse à mesurer

Bol

LE CLUB DES AUDACIEUX

La pâte de sésame est un ingrédient indispensable de la cuisine libanaise. Semblable à du beurre d'arachide, elle est disponible dans la plupart des épiceries.

PETIT FUTÉ NUTRITION

Ces sandwichs sont très riches en fibres et en protéines végétales et les bons gras qu'ils contiennent (pâte de tahini) contribuent à la santé du cœur.

Trempettes et tartinade pour sandwichs

Cuillère de bois
Couteau
Cuillères à mesurer
Tasse à mesurer
Bols à mélanger

8 à 10 portions

Coût moyen par portion : 0,50 $

Trempette au yogourt de base
250 ml (1 tasse) yogourt nature à 2 % de m.g.
60 ml (4 c. à soupe) mayonnaise
30 ml (2 c. à soupe) moutarde de Dijon
Sel et poivre au goût

Variante aux fines herbes
45 ml (3 c. à soupe) persil frais haché finement
45 ml (3 c. à soupe) ciboulette fraîche hachée finement
45 ml (3 c. à soupe) coriandre fraîche hachée finement

Variante rosée
60 ml (4 c. à soupe) pâte de tomate
1 jet de sauce piquante

Variante mexicaine
15 ml (1 c. à soupe) cumin en poudre
125 ml (½ tasse) salsa moyenne
125 ml (½ tasse) coriandre fraîche hachée
1 avocat en dés trempé dans du jus de citron

Tartinade pour sandwichs aux crevettes
250 ml (1 tasse) crevettes nordiques hachées
60 ml (4 c. à soupe) trempette au yogourt de base
1 branche céleri hachée
2 ciboules (oignons verts) hachés finement
15 ml (1 c. à soupe) relish
Feuilles de laitue pour garnir
4 petits pains de blé entier, coupés en deux

01 Dans un bol, mélanger tous les ingrédients. Servir avec des crudités (carottes, céleri, concombre, champignons, fenouil, radis, poivrons) et des tortillas de blé entier coupées en pointes et séchées au four ou avec des chips de maïs. 02 Pour la tartinade pour sandwichs aux crevettes, mélanger dans un bol tous les ingrédients. Retirer un peu de mie de chaque petit pain et farcir chacun avec le mélange de crevettes.

LES PROTÉINES
Remplacer les crevettes par du crabe, du thon en boîte égoutté, du jambon haché, des lentilles cuites et égouttées ou du poulet en dés.

LE PAIN
Choisir d'autres types de pain (muffins anglais, pain de blé entier en tranches, de seigle, à sous-marins, bagels, etc.).

CROQUE-MONSIEUR
ET SES VARIANTES

Spatule
Couteau
Poêle
Planche à découper

4 portions

Coût moyen par portion: 1,50$

8 tranches de pain au choix
4 tranches de prosciutto
200 ml (7/8 tasse) fromage de chèvre crémeux
8 feuilles de basilic frais
Beurre

01 Étaler 4 tranches de pain sur une planche à découper ou un plan de travail. Tartiner généreusement avec le fromage de chèvre. Disposer les feuilles de basilic sur le fromage et 2 tranches de prosciutto.
02 Recouvrir avec les tranches de pain restantes. Beurrer les deux côtés du pain et déposer dans une poêle chaude. Cuire à feu moyen, en appuyant occasionnellement sur les croque-monsieur avec une spatule pour les aplatir légèrement. Quand le pain est doré d'un côté, tourner les croque-monsieur et les cuire de l'autre côté. Trancher en deux et servir avec une salade verte.

Chef : Nicolas Drouin, *Le Saint-Amour, Québec*

PETIT FUTÉ NUTRITION
Pour des sandwichs plus nourrissants et bourrés de fibres, opter pour le pain à 100% de grains entiers.

TROQUER C'EST DE SANTÉ
Remplacer le prosciutto par du smoked meat, de la dinde, du jambon ou même du saumon fumé!

SOUS-MARINS à l'italienne

4 portions

Coût moyen par portion : 2,00 $

4 pains à sous-marins ou ciabatta (italiens)
4 tranches de jambon cuit
8 tranches de salami italien
4 tranches de dinde cuite au four
4 tranches de fromage provolone
60 ml (4 c. à soupe) de pesto du commerce
8 tranches de tomates
8 tranches de laitue romaine
8 olives farcies hachées (facultatif)

01 Trancher les pains en deux sur la longueur et les tartiner de pesto. Couper les tranches de viande et de fromage en deux et les répartir également dans les pains. Ajouter les tranches de tomate et de laitue, puis garnir d'olives farcies. Envelopper chaque sandwich individuellement.

Plaque de cuisson

Papier parchemin

Cuillères à mesurer

Couteau

Planche à découper
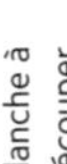

PETIT FUTÉ NUTRITION

On trouve maintenant du jambon et de la dinde en tranches qui ne contiennent pas de nitrites, une substance cancérigène présente dans les charcuteries.

PARESSEUX ORGANISÉ

Le salami donne beaucoup de saveur, mais il est très gras ; deux tranches suffisent pour un sandwich délicieux et santé.

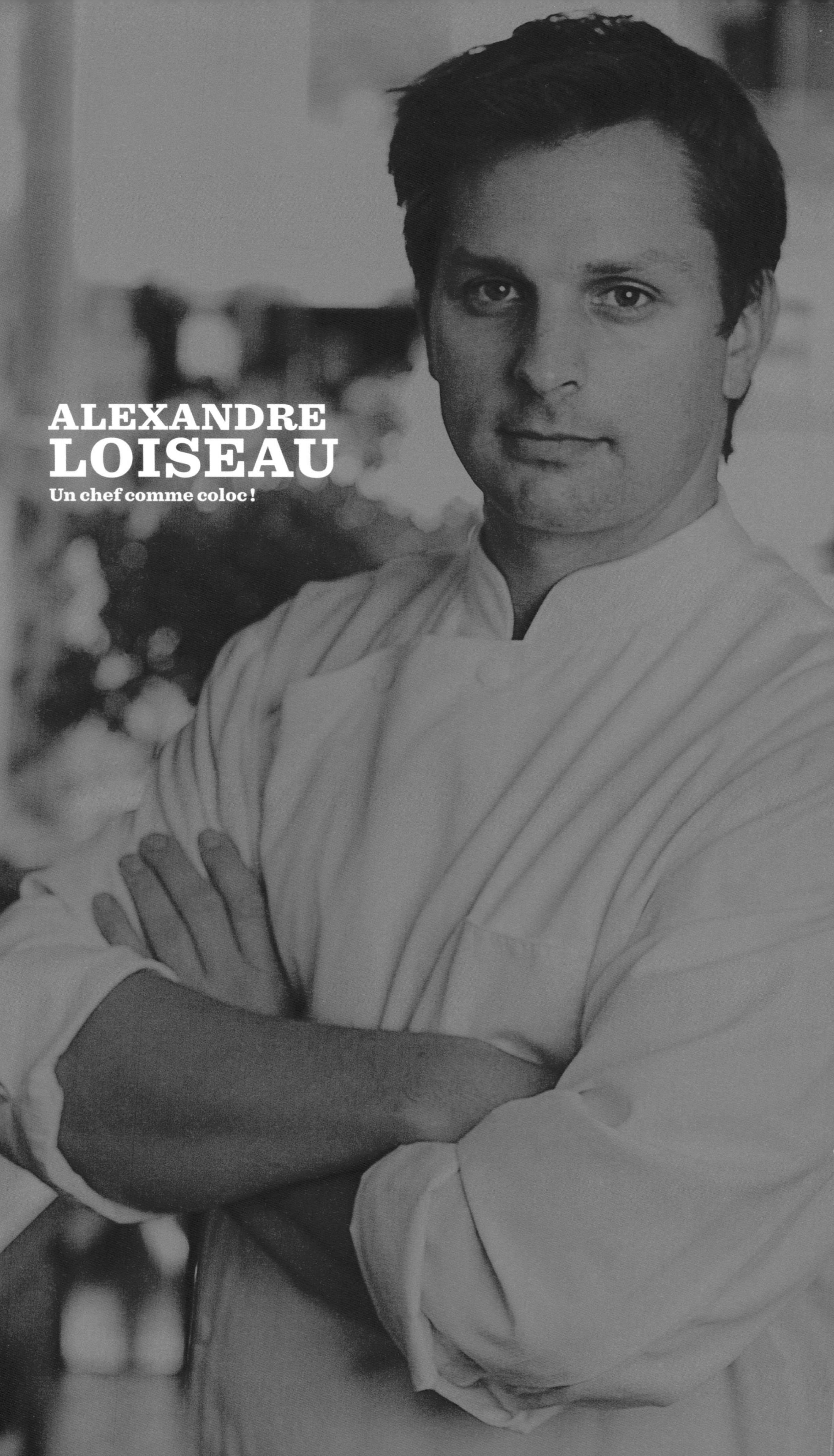
ALEXANDRE
LOISEAU
Un chef comme coloc !

Pays d'origine
Québec, Joliette

Années d'expérience en cuisine
16 ans

Nombre de restaurants
1

Nom des restaurants
Bistro Cocagne

Recette dont tu es le plus fier
Foie gras poêlé

Ton plat favori
La côte de bœuf

Ton livre de cuisine favori
Le Larousse gastronomique

Si tu vivais à faibles revenus et que tu ne pouvais manger qu'une seule chose, que choisirais-tu ?
Des bines…

Quelle conserve est essentielle dans une armoire ?
Du maïs

Une recette très rapide et savoureuse
Lait de maïs

Une recette de gang
Des hamburgers

Les ingrédients de base à avoir toujours sous la main
Sel, poivre et huile d'olive

Une épicerie pour 40 $/semaine devrait comprendre quoi ?
Légumineuses, fruits et légumes, lait, porc, pâtes alimentaires, pain et des céréales

Trucs et conseils minute pour apprenti-cuisinier
Lire 2 à 3 fois les recettes pour bien suivre afin d'être en confiance avant de commencer

L'instrument essentiel à avoir sous la main dans la cuisine
Un cul de poule (grand bol !)

Bol
Petit fouet
Plaque à biscuits ou à pizza
Baguettes de bois
Couteau
Cuillères à mesurer
Tasse à mesurer
Planche à découper

SATÉS AU POULET
COMME EN INDONÉSIE

4 portions-repas

Coût moyen par portion : 2,00 $

2 poitrines de poulet non cuites
15 ml (1 c. à soupe) huile végétale
30 ml (2 c. à soupe) jus de lime
1 pincée flocons de piment
1 pincée gingembre en poudre
15 ml (1 c. à soupe) sauce soya
Coriandre fraîche pour garnir
Arachides hachées pour garnir

Sauce aux arachides
125 ml (½ tasse) beurre d'arachide
125 ml (½ tasse) bouillon de poulet chaud
1 pincée flocons de piment
Le jus d'une lime
8 baguettes trempées dans l'eau 30 minutes

01 Dans un bol, mélanger le jus de lime, les flocons de piment, le gingembre, la sauce soya. Y déposer le poulet et le laisser mariner de 30 minutes à 24 heures au réfrigérateur recouvert d'une pellicule plastique. 02 Préchauffer le four à 220 °C (425 °F). 03 Retirer le poulet de la marinade et l'enfiler sur les brochettes préalablement trempées dans l'eau froide 30 minutes. Cuire au four 20 à 25 minutes, en retournant à mi-cuisson. Retirer du four et déposer sur une assiette de service. Parsemer d'arachides hachées et de coriandre fraîche. 04 Entre-temps, préparer la sauce aux arachides en fouettant tous les ingrédients ensemble. Servir avec les satés.

PETIT FUTÉ NUTRITION
Le beurre d'arachide est riche en protéines et en bons gras.

TROQUER C'EST DE SANTÉ
Vous pouvez faire ces brochettes à l'italienne en marinant le poulet dans de l'huile d'olive et du jus de citron et en utilisant du pesto pour la sauce.

Plaque de cuisson

Papier parchemin

Spatule

Poêle

Tasse

Cuillères à mesurer

NOIX sucrées et endiablées anti-fringales

12 portions environ

Coût par portion : 0,80 $

80 ml (⅓ tasse) sucre
30 ml (2 c. à soupe) eau
2 pincées poivre de Cayenne
1 tasse noix mélangées
(amandes, noix de Grenoble, arachides non salées, avelines)
60 ml (¼ tasse) eau

01 Dans une poêle antiadhésive, mélanger le sucre, l'eau et le poivre de Cayenne. Laisser fondre à feu doux, jusqu'à l'obtention d'un caramel clair. 02 Ajouter les noix mélangées et brasser rapidement pour bien les enrober. Ajouter l'eau d'un trait et laisser mijoter jusqu'à évaporation. Étendre les noix sur un papier sulfurisé. Laisser refroidir et conserver dans une boîte fermée hermétiquement.

Chef : Diane Tremblay, *Le Privilège, Saguenay*

PARESSEUX ORGANISÉ
Laissez tremper les ustensiles tout collés de caramel dans l'eau ; ils se nettoieront impeccablement et sans effort !

Planche à découper

Couteau

Tasse à mesurer

Bol

Wraps à l'indienne

4 portions

Coût moyen par portion : 2,00 $

4 pains Azim de blé entier
2 poitrines de poulet cuites et coupées en lanières
2 ciboules (petits oignons verts), hachées
2 petits concombres libanais tranchés sur la longueur
60 ml (4 c. à soupe) yogourt nature
5 ml (1 c. à thé) garam massala (rayon des épices)
5 ml (1 c. à thé) curcuma (rayon des épices)
2,5 ml (½ c. à thé) gingembre en poudre
125 ml (½ tasse) coriandre fraîche hachée
30 ml (2 c. à soupe) menthe fraîche hachée
45 ml (3 c. à soupe) chutney mangue ou abricots
1 mangue fraîche, épluchée et coupée sur la longueur
Sel et poivre, au goût

01 Dans un bol, mélanger le yogourt, les épices et les fines herbes avec le chutney, le sel et le poivre. Étaler le mélange au centre des pains azim, en laissant un espace d'environ 2,5 cm (1 po) dans le bas. Répartir les languettes de poulet, le concombre, les ciboules et la mangue au centre des pains Azim. Replier le bas du pain sur la garniture. Rouler ensuite les côtés. Servir.

LE CLUB DES AUDACIEUX

On peut aussi faire ce wrap avec des crevettes ou des tranches de bœuf.

TROQUER C'EST DE SANTÉ

Si on ne trouve pas de pain Azim, on peut utiliser des tortillas de blé.

& ENTRÉES
3

Soupe imbattable aux lentilles

10 à 12 portions

Coût moyen par portion : 1,00 $

500 ml (2 tasses) lentilles brunes lavées et rincées
60 ml (4 c. à soupe) huile d'olive
1 oignon haché
2 échalotes sèches hachées finement
2 carottes en rondelles
2 branches de céleri, avec les feuilles, hachées
2 tranches de rutabaga (navet jaune), en dés
2 gousses d'ail écrasées et hachées
½ botte de persil frisé, lavée et hachée finement
1 feuille de laurier
1 branche de thym
30 ml (2 c. à soupe) curcuma
2 litres (8 tasses) bouillon de poulet ou de légumes
250 ml (1 tasse) épinards congelés
60 ml (4 c. à soupe) bacon cuit émietté (facultatif)
Sel et poivre, au goût

01 Dans un faitout, faire suer l'oignon et les échalotes sèches dans l'huile d'olive à feu doux pendant 10 minutes. Ajouter les lentilles, les carottes, le céleri et le rutabaga et poursuivre la cuisson 5 minutes. 02 Ajouter l'ail, la feuille de laurier, le thym et le curcuma, saler, poivrer et mélanger. Mouiller avec le bouillon et augmenter le feu. Amener à ébullition, puis baisser le feu et laisser mijoter une trentaine de minutes, en écumant de temps en temps, ou jusqu'à ce que les lentilles soient cuites. Si la soupe est trop épaisse, ajouter du bouillon. 03 Retirer la feuille de laurier et le thym, ajouter le persil frais, les épinards et les miettes de bacon et poursuivre la cuisson quelques minutes de plus. Servir avec un pain croûté de grains entiers pour un repas complet, nutritif et économique.

Louche

Faitout

Tasse à mesurer

Couteau économe

Couteau

Planche à découper

PETIT FUTÉ NUTRITION
Les légumineuses sont riches en fer, en glucides complexes et en fibres, qui contribuent à la satiété. Une aubaine !

PARESSEUX ORGANISÉ
Pour recevoir avec panache, passer au mélangeur, ajouter dans chaque bol une cuillère de yogourt nature égoutté et du persil frais.

SOUPE-REPAS MINESTRONE SANS VIANDE

10 à 12 portions

Coût moyen par portion : 1,50 $

1 gros oignon haché finement
2 échalotes sèches hachées finement
2 branches de céleri + 2 carottes hachés finement
60 ml (4 c. à soupe) huile d'olive
250 ml (1 tasse) haricots verts en petits tronçons
250 ml (1 tasse) panais en dés
4 gousses d'ail écrasées et hachées
250 ml (1 tasse) fleurs de brocoli en bouchées
1 courgette hachée finement (avec la pelure)
2 feuilles de laurier + 10 ml (2 c. à thé) d'herbes italiennes
Pincées de flocons de piment (au goût)
6 tomates séchées hachées finement
1 boîte de tomates italiennes hachées, dans leur jus
2,5 à 3 litres (10 à 12 tasses) bouillon de bœuf ou de légumes
2 boîtes haricots romains ou blancs, égouttés et rincés
Pesto du commerce et parmesan râpé pour garnir
Petites pâtes italiennes cuites pour garnir (macaroni, rotini, etc.)
Sel et poivre du moulin, au goût

01 Dans un faitout, faire suer dans l'huile d'olive l'oignon, les échalotes, les carottes, le céleri quelques minutes à feu moyen-doux. Ajouter le rutabaga, le panais, l'ail et les tomates séchées et cuire quelques minutes de plus. Ajouter les fines herbes et les flocons de piment, saler légèrement. Mouiller avec le bouillon et les tomates en boîte et amener à ébullition. Réduire le feu et mijoter jusqu'à ce que les légumes soient cuits, mais encore *al dente*. 02 Ajouter les haricots romains ou blancs en boîte, le brocoli et la courgette et cuire cinq minutes de plus. Au moment de servir, ajouter quelques cuillères de petites pâtes cuites dans chaque bol, 5 ml (1 c. à thé) de pesto du commerce et verser la soupe bouillante dessus. Garnir généreusement de parmesan râpé. Servir avec un pain croûté bien frais.

Louche
Cuillère de bois
Faitout
Cuillères à mesurer
Tasse à mesurer
Couteau
Planche à découper

PETIT FUTÉ NUTRITION
Les vitamines de la plupart des légumes sont « hydrosolubles », elles se dissolvent dans l'eau. Avec la soupe, une partie de la valeur nutritive se retrouve donc dans le bouillon.

LE CLUB DES AUDACIEUX
On peut aussi ajouter des petites boulettes de viande, si désiré.

Louche
Cuillère de bois
Fouet
Couteau
Planche à découper
Cuillères à mesurer
Tasse à mesurer
Casserole
Faitout

CHAUDRÉE DE MAÏS

4 portions

Coût moyen par portion: 1,50$ (2,00$ pour un repas complet)

30 ml (2 c. à soupe) huile d'olive
45 ml (3 c. à soupe) beurre salé
45 ml (3 c. à soupe) farine blanche non blanchie
750 ml (3 tasses) lait 2%
250 ml (1 tasse) bouillon de poulet ou de légumes
1 blanc de poireau haché
1 gousse d'ail écrasée et hachée
1 branche de céleri hachée
1 carotte en rondelles
250 ml (1 tasse) maïs en grains, congelé ou en conserve
1 branche de thym frais, égrenée
1 pincée de flocons de piments
Sel et poivre, au goût
Ciboulette fraîche pour garnir (facultatif)

01 Dans une grande casserole, faire suer le poireau, le céleri, la carotte et la gousse d'ail dans l'huile d'olive à feu moyen-doux une quinzaine de minutes. Ajouter le thym et les flocons de piments, puis le beurre et mélanger jusqu'à ce qu'il soit fondu. Ajouter la farine et bien mélanger. Cuire 10 minutes, en remuant constamment. 02 Entre-temps, dans une autre casserole, faire chauffer le lait sans le bouillir. Le verser progressivement dans le faitout en mêlant bien à l'aide d'un fouet. Amener à ébullition, puis ajouter le bouillon et poursuivre la cuisson jusqu'à ce que la soupe bouillonne de nouveau. Ajouter le maïs et cuire jusqu'à ce qu'il soit bien chaud. Pour une soupe plus claire, ajouter davantage de lait. Garnir de la ciboulette et servir avec du pain croûté.

PARESSEUX ORGANISÉ
Pour un repas complet, au moment de servir, ajouter 250 ml (1 tasse) de crevettes nordiques, de palourdes en boîte égouttées ou de saumon cuit.

TROQUER C'EST DE SANTÉ
Pour un repas végétarien, on peut ajouter 125 ml (½ tasse) de fromage de chèvre crémeux, des poivrons rouges en dés et du brocoli en bouquets.

Crème de légumes
et variantes

Louche
Cuillère de bois
Couteau
Planche à découper
Cuillères à mesurer
Tasse à mesurer
Faitout

8 portions

Coût moyen par portion : 1,00 $

1 oignon haché finement
1 blanc de poireau haché finement
2 gousses d'ail hachées
1 branche de céleri hachée finement
2 carottes en rondelles hachées finement
125 ml (½ tasse) rutabaga ou panais en rondelles
250 ml (1 tasse) courgette hachée finement
30 ml (2 c. à soupe) huile d'olive
750 ml (3 tasses) bouillon de poulet ou de légumes
1 boîte de lait évaporé condensé
Sel et poivre, au goût
Persil frais et croûtons pour garnir

01 Dans un faitout, faire suer les légumes, sauf la courgette, dans l'huile d'olive pendant une dizaine de minutes. Ajouter la courgette et bien mélanger. Augmenter le feu à moyen-vif, ajouter le bouillon et amener à ébullition. Lorsque le mélange bout, réduire de nouveau la température et cuire jusqu'à ce que les légumes soient très tendres. 02 À l'aide d'un mélangeur électrique à main, réduire le mélange en purée. Laisser un peu de morceaux pour une texture plus intéressante. Ajouter le lait évaporé et chauffer sans faire bouillir. Rectifier l'assaisonnement et servir dans des bols avec des croûtons et du persil frais en garniture.

PETIT FUTÉ NUTRITION
Ce type de potage est beaucoup plus santé que la version traditionnelle, à base de crème ou de Béchamel, mais tout aussi délicieux.

TROQUER C'EST DE SANTÉ
Sur ce modèle, on peut faire une crème de brocoli, de carotte, de poireaux et pommes de terre, d'épinards. Il suffit d'ajouter les légumes qui nous plaisent.

Soupe à l'orge et au chou

8 à 10 portions

Coût moyen par portion : 1,00 $

175 ml (¾ tasse) d'orge mondé
1 oignon espagnol
4 gousses d'ail
1 carotte en rondelles
1 blanc de poireau en rondelles
1 petit chou de Savoie (ou chou vert ordinaire) haché
60 ml (4 c. à soupe) de morceaux de bacon cuit
30 ml (2 c. à soupe) huile d'olive
10 ml (2 c. à thé) marjolaine séchée
5 ml (1 c. à thé) thym frais
2 litres à 2,5 litres (8 à 10 tasses) bouillon de poulet
Sel et poivre, au goût

01 Dans une petite casserole, recouvrir l'orge d'eau froide salée et l'amener à ébullition. Cuire une trentaine de minutes, en écumant régulièrement. Lorsque l'orge est cuit mais encore légèrement croquant, l'égoutter dans une passoire et réserver. 02 Entre-temps, dans un faitout, faire suer l'oignon, la carotte et le poireau dans l'huile jusqu'à ce qu'ils soient transparents. Ajouter l'ail et le chou de Savoie et poursuivre la cuisson 5 minutes. Augmenter le feu, ajouter le thym et la marjolaine, mouiller avec le bouillon et amener à ébullition. Ajouter l'orge quasi-cuit et poursuivre la cuisson une quinzaine de minutes ou jusqu'à les légumes soient à point. Rectifier l'assaisonnement. Juste avant de servir, ajouter les morceaux de bacon cuits. Réchauffer et servir.

Louche
Cuillère de bois
Tasse à mesurer
Cuillères à mesurer
Couteau
Planche à découper

Faitout
Petite casserole

PETIT FUTÉ NUTRITION
L'orge est une céréale riche en fibres solubles, qui contribuent à réduire le risque de développer l'hypertension et le diabète, en plus de procurer un sentiment de satiété qui dure plusieurs heures.

TROQUER C'EST DE SANTÉ
Pour un repas complet, ajouter du poulet en dés.

FRANÇOIS BLAIS

Un chef comme coloc !

Pays d'origine
Canada, d'un père américain

Années d'expérience en cuisine
20

Nombre de restaurants
1

Nom des restaurants
Restaurant Panache à l'Auberge Saint-Antoine, à Québec

Recette dont tu es le plus fier
Ris de veau en croûte de polenta

Ton plat favori
Lasagne et foie gras

Ton livre de cuisine favori
J'en ai plusieurs, mais je dirais que pour illustrer la rigueur nécessaire au cuisinier, *L'Atelier*, de Joël Robuchon reste le meilleur

Si tu vivais à faibles revenus et que tu ne pouvais manger qu'une seule chose, que choisirais-tu ?
Du bon pain

Quelle conserve est essentielle dans une armoire ?
Des tomates italiennes

Une recette très rapide et savoureuse
Des tranches de belles tomates, du sel, du poivre et un filet d'huile d'olive

Une recette de gang
La fondue au fromage et du pain !

Les ingrédients de base à avoir toujours sous la main
Beurre, oignons, ail, sel et poivre

Une épicerie pour 40 $/semaine devrait comprendre quoi ?
Pain, lait, fromage, pièce de viande bon marché comme le paleron de bœuf et l'épaule de porc

Trucs et conseils minute pour apprenti-cuisinier
Goûter, toujours goûter ce qu'on cuisine

L'instrument essentiel à avoir sous la main dans la cuisine
Des couteaux bien aiguisés

Soupe aux pois jaunes et au jambon

8 à 10 portions

Coût moyen par portion : 1,30 $

500 ml (2 tasses) pois jaunes, cassés
30 ml (2 c. à soupe) huile végétale
1 oignon haché
1 blanc de poireau haché
3 gousses d'ail hachées
2 branches de céleri hachées
1 carotte hachée
5 ml (1 c. à thé) sarriette
5 ml (1 c. à thé) marjolaine
2 branches de thym
2 feuilles de laurier
1 os de jambon
2,5 à 3 litres (10 à 12 tasses) eau
500 ml (2 tasses) de dés de jambon
Sel et poivre, au goût

01 Dans un faitout, faire suer l'oignon, le poireau, le céleri et la carotte dans l'huile jusqu'à ce que l'oignon soit translucide. Ajouter les pois jaunes, l'ail, les herbes et les épices, l'os de jambon et recouvrir d'eau froide. Saler légèrement. Amener à ébullition, puis baisser le feu et laisser mijoter à découvert 90 minutes, en écumant de temps en temps. Les pois cassés doivent être très tendres. 02 Retirer l'os de jambon de la soupe et les feuilles de laurier. Réduire en purée au mélangeur à main jusqu'à la consistance désirée. Rectifier l'assaisonnement et ajouter les dés de jambon. Servir avec des croûtons.

Louche

Cuillère de bois

Tasse à mesurer

Cuillères à mesurer

Couteau

Planche à découper

Casserole

Faitout

PETIT FUTÉ NUTRITION
On peut remplacer les pois jaunes cassés par des pois cassés verts, ce qui changera complètement la saveur, mais pas la valeur nutritive, qui en fait un repas complet.

LE CLUB DES AUDACIEUX
On peut aussi faire une version végétarienne en omettant l'os et les dés de jambon.

HOMMOS + VARIANTES

8 portions

Coût moyen par portion : 1,50 $

500 ml (2 tasses) pois chiches, secs
60 ml (4 c. à soupe) jus de citron
2 gousses d'ail, écrasées et hachées
75 ml (5 c. à soupe) tahini (pâte de sésame)
Huile d'olive
Eau chaude
Sel et poivre, au goût

Pour le service

4 pains pita de blé entier, coupés en pointes
Crudités, selon la saison : carottes, radis, céleri, brocoli, chou-fleur, mini-tomates, etc.

01 Dans un grand chaudron, recouvrir les pois chiches d'eau froide et les laisser reposer 12 heures à la température de la pièce. Égoutter et rincer. Remplir d'eau froide + 10 ml (2 c. à thé) de sel et amener à ébullition. Cuire à feu moyen, en écumant de temps en temps, jusqu'à ce que les pois chiches soient parfaitement tendres (environ 1 heure). Égoutter. (Si on manque de temps, on peut utiliser deux boîtes de pois chiches cuits, égouttés et rincés.) 02 Dans le bol du mélangeur, mettre les pois chiches, l'ail, le jus de citron, le tahini, 30 ml (2 c. à soupe) d'huile d'olive et 60 ml (4 c. à soupe) d'eau chaude. Actionner le mélangeur jusqu'à l'obtention d'une purée assez homogène. Arrêter l'appareil à quelques reprises et racler les parois avec une spatule. Si le hommos se mélange mal, ajouter un peu plus d'huile d'olive et d'eau chaude. Saler et poivrer. 03 Servir dans un bol, entouré de pointes de pita et de crudités.

Mélangeur électrique

Tasse à mesurer
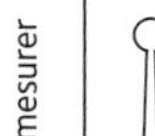
Cuillères à mesurer

Couteau

Égouttoir

Planche à découper

PETIT FUTÉ NUTRITION
Les pois chiches sont nourrissants et économiques et c'est une manière déguisée de faire avaler des légumes aux amis. On peut les remplacer par des haricots romains, des lentilles ou des haricots blancs.

PARESSEUX ORGANISÉ
Préparer une double recette de hommos et congeler dans des contenants hermétiques. Il se conservera 3 mois.

Râpe

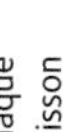
Plaque de cuisson

Bol
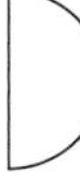
Cuillères à mesurer

Passoire
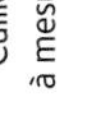
Couteau
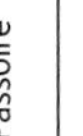
Planche à découper

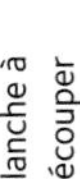

Bruschetta

4 portions

Coût par portion : 1,45 $

3 tomates fraîches
1 échalote sèche, hachée
6 à 8 feuilles de basilic frais, ciselées
1 gousse d'ail écrasée et hachée finement
45 ml (3 c. à soupe) huile d'olive
15 ml (1 c. à soupe) vinaigre de vin rouge
Sel et poivre noir, au goût

Pour gratiner
½ baguette de pain de la veille
125 ml (½ tasse) de fromage mozzarella râpé

01 Laver les tomates et les couper en petits dés. Déposer dans une passoire et saupoudrer de 5 ml (1 c. à thé) de sel. Mélanger délicatement et laisser dégorger pendant 20 minutes au-dessus d'un bol. 02 Lorsque les tomates sont dégorgées, les déposer dans un bol et ajouter les autres ingrédients, soit l'échalote, l'ail, le basilic, l'huile et le vinaigre. Mélanger et assaisonner avec le sel et le poivre. 03 Faire des croûtons d'environ 2 cm (¾ po) d'épaisseur avec la baguette et les griller au four une dizaine de minutes (pour les rendre croustillants). 04 Déposer un peu de bruschetta sur chaque croûton et servir tel quel ; ou encore, répartir le fromage sur les croûtons garnis de bruschetta et gratiner au four, à 180 °C (350 °F), jusqu'à ce que le fromage soit fondu et légèrement coloré.

PETIT FUTÉ NUTRITION
Les tomates sont bourrées de fibres, de vitamine C et d'antioxydants. En optant pour une baguette de blé entier et du fromage, on a presque un repas complet !

TROQUER C'EST DE SANTÉ
On peut ajouter des poivrons grillés à sa bruschetta pour la rendre encore plus savoureuse, l'épicer un peu et mêler un peu de parmesan au mozzarella.

Brochettes apéro POUR ÉPATER les amis

Brochettes de bois
Couteau
Planche à découper

8 brochettes (2 par personne)

Coût moyen par portion : 1,80 $

8 gros cubes d'ananas
8 gros cubes de cantaloup
4 tranches de fromage provolone, coupées en deux
4 tranches de salami, coupées en deux
8 tomates-cerises
4 tranches de prosciutto
Petites brochettes de bois
Pesto du commerce

01 Sur des brochettes de bois, piquer 1 cube d'ananas, 1 morceau de salami, 1 mini-tomate, 1 morceau de provolone, 1 morceau de cantaloup enveloppé dans du prosciutto. Répéter l'opération jusqu'à ce que tous les ingrédients soient montés sur des brochettes. Badigeonner d'un peu de pesto. Servir pour l'apéro, avec des pointes de pizza aux tomates.

PETIT FUTÉ NUTRITION
Ces brochettes colorées sont une manière déguisée de se régaler de fruits, tout en consommant des protéines.

PARESSEUX ORGANISÉ
Faciles à faire, mais impressionnantes ! Pour servir, les piquer sur un demi-cantaloup.

Bocconcini et tomates

4 portions

Coût moyen par portion : 1,40 $

4 gros fromages bocconcini
4 tomates fraîches
20 ml (4 c. à thé) huile d'olive
20 ml (4 c. à thé) vinaigre balsamique
20 ml (4 c. à thé) pesto du commerce
8 feuilles de basilic frais, pour décorer (facultatif)
Sel et poivre du moulin

Cuillères à mesurer

Couteau

Planche à découper

01 Couper chaque fromage en 4 rondelles. Couper chaque tomate en 4 tranches. Saler et poivrer les tomates et garnir d'un peu de pesto. Disposer 4 tomates dans chaque assiette et déposer une rondelle de bocconcini sur chacune. Arroser les fromages d'huile d'olive, puis de vinaigre balsamique. Saler et poivrer. Garnir du reste du pesto et de basilic frais. Servir immédiatement, avec un bon pain croûté.

PETIT FUTÉ NUTRITION
L'huile d'olive est un gras excellent pour la santé parce qu'il n'est pas saturé et qu'il contient plusieurs éléments protecteurs pour le cœur.

TROQUER C'EST DE SANTÉ
Les végétaliens peuvent faire cette recette en remplaçant le fromage par des tranches de tofu ferme.

Pâtes, riz et plats végé-tariens

Cuillère de bois
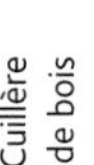

Faitout

Couteau

Planche à découper
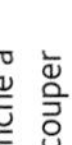

Cuillères à mesurer
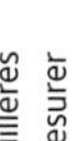
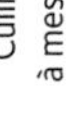

Tasse à mesurer
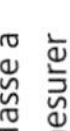

Spaghetti
sauce à la viande

8 portions

Prix par portion : 1,80 $

454 g (1 lb) bœuf haché (ou un mélange de bœuf et porc)
La chair de 1 saucisse italienne piquante, hachée
4 gousses d'ail
1 gros oignon haché finement
1 branche de céleri hachée finement
1 carotte hachée finement
45 ml (3 c. à soupe) huile d'olive
45 ml (2 c. à soupe) farine tout usage
125 ml (½ tasse) vin rouge (facultatif)
1 boîte de bouillon de bœuf
2 boîtes de 156 ml (6 oz) de pâte de tomate
2 boîtes de 540 ml (19 oz) tomates à l'italienne, avec le jus
Pincée de sucre
2 feuilles de laurier
10 ml (2 c. à thé) d'épices à l'italienne
Flocons de piment
Sel et poivre, au goût

01 Dans un faitout, faire suer les légumes dans l'huile d'olive 10 minutes. Augmenter le feu, ajouter la saucisse italienne hachée et la viande hachée et cuire, en remuant constamment, jusqu'à ce que la viande ait perdu sa teinte rosée. Saupoudrer de farine, saler, poivrer et poursuivre la cuisson 2 minutes. 02 Mouiller avec le vin rouge et laisser réduire presque à sec. Ajouter le bouillon de bœuf, la pâte de tomate et les tomates à l'italienne et remuer jusqu'à ce que le tout soit bien mélangé. Ajouter le sucre, le laurier, les épices à l'italienne, les flocons de piment et un peu de sel. Amener à ébullition, puis baisser le feu et cuire à découvert entre 1 h 30 et 2 h 00, ou jusqu'à ce que la sauce ait la consistance désirée. Servir sur des spaghettis bien chauds, avec du parmesan râpé.

PETIT FUTÉ NUTRITION
Pour une sauce vraiment santé, remplacer le bœuf par de la dinde hachée et omettre la saucisse italienne.

PARESSEUX ORGANISÉ
Si la sauce tomate est en solde, on s'en procure pour simplifier la préparation de ce plat. Omettre alors pâte de tomate et tomates et réduire le temps de cuisson à 30 minutes.

Macaroni au fromage et au brocoli

4 à 6 portions

Prix par portion : 2,20 $

5 tasses de macaroni cuit *al dente*
75 ml (5 c. à soupe) beurre
75 ml (5 c. à soupe) farine tout usage non blanchie
1,5 litre (6 tasses) lait chaud 2 %
1 pincée poivre de Cayenne
Sel, au goût
30 ml (2 c. à soupe) ciboulette hachée
500 ml (2 tasses) brocoli, en fleurettes, blanchi
500 ml (2 tasses) cheddar fort, râpé

01 Dans un faitout, fondre le beurre, ajouter la farine et faire un roux. Cuire 10 minutes sur feu moyen, en brassant souvent. Ajouter le lait chaud, petit à petit et bien délayer au fouet entre chaque addition pour éviter la formation de grumeaux. Amener à ébullition en remuant constamment, Ajouter le sel et le poivre de Cayenne et cuire 20 minutes, en brassant fréquemment. 02 Entre-temps, préchauffer le four à 180 °C (350 °F). Bien huiler un moule rectangulaire allant au four. Réserver. Lorsque la béchamel est cuite, ajouter le fromage râpé et les fleurettes de brocoli blanchies et bien remuer pour fondre le fromage. Ajouter les pâtes *al dente* en pliant délicatement. Transférer dans le plat à gratin huilé. Cuire au four de 20 à 30 minutes. Dans les 5 dernières minutes de cuisson, augmenter la température à « Broil » et faire gratiner le dessus du macaroni. Laisser reposer 5 minutes au sortir du four et servir.

Moule rectangulaire ou plat à gratin

Cuillère de bois

Fouet

Faitout

Couteau

Planche à découper

Cuillères à mesurer

Tasse à mesurer

PETIT FUTÉ NUTRITION
En plus de donner de la couleur et du goût, le brocoli ajoute des fibres, des vitamines et des antioxydants à ce plat populaire.

TROQUER C'EST DE SANTÉ
Pour varier, on pourrait aussi ajouter 500 ml (2 tasses) de champignons sautés et 250 ml (1 tasse) d'épinards cuits et égouttés à ce plat et remplacer le cheddar par du gruyère.

Chili dinde et cacao pour audacieux

8 portions

Coût moyen par portion : 2,00 $

1 oignon haché finement
3 branches de céleri, hachées finement
1 poivron rouge, haché
3 gousses d'ail, hachées finement
15 ml (1 c. à soupe) huile d'olive
454 g (1 lb) dinde hachée
4 tranches de bacon, en dés
60 ml (4 c. à soupe) poudre de cacao
10 ml (2 c. à thé) poudre de cumin
10 ml (2 c. à thé) poudre de coriandre
5 ml (1 c. à thé) flocons de piments chili
30 ml (2 c. à soupe) paprika fumé
500 ml (2 tasses) haricots rouges secs trempés 12 heures
ou 2 boîtes de 540 ml (19 oz), égouttées et rincées
2 boîtes de 540 ml (19 oz) de tomates en dés, avec la moitié du jus
Sel et poivre, au goût
250 ml (1 tasse) fromage Monterey Jack ou cheddar, râpé

01 Pour les haricots secs déjà trempés, les égoutter, recouvrir d'eau froide et cuire à découvert à feu moyen jusqu'à tendreté (environ 1 heure). Égoutter et rincer. Réserver. Dans un faitout, faire suer les légumes dans l'huile d'olive à feu moyen. 02 Ajouter le bacon et la dinde hachée et cuire à feu vif, en remuant souvent. Lorsque la viande est presque cuite, ajouter l'ail, le cumin, la coriandre, les piments chili, le paprika, le cacao, l'origan et le sel et bien mélanger. Ajouter les tomates et amener à ébullition. Cuire à découvert 30 minutes. 03 Ajouter les haricots rouges égouttés, réduire le feu et laisser mijoter à découvert 30 minutes de plus. Servir dans des bols avec une tortilla de blé et parsemer de fromage râpé.

PETIT FUTÉ NUTRITION
Les légumineuses sont riches en fibres et en protéines et économiques. Achète-les sèches et fais-les tremper 12 heures avant de les cuire. Elles te coûteront deux fois moins cher qu'en conserve.

LE CLUB DES AUDACIEUX
Le bacon, le cacao et le paprika fumé (poudre de poivrons doux) donnent beaucoup de saveur et de texture au chili. Congeler la moitié du chili, si désiré.

Cuillère de bois

Râpe

Bol

Ouvre-boîte

Faitout
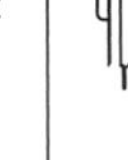

Couteau économe

Cuillères à mesurer

Couteau

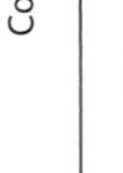

Planche à découper
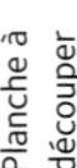

Bol

Égouttoir

Casserole

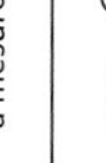

Tasse à mesurer

Cuillères à mesurer

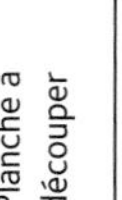

Couteau

Planche à découper

Salade de quinoa mexicaine

4 portions

Coût moyen par portion : 1,80 $

500 ml (2 tasses) quinoa
1 poivron vert haché finement
1 poivron rouge haché finement
½ concombre anglais, épépiné et haché
4 ciboules (échalotes vertes) hachées
1 piment chipotle, mariné et haché
250 ml (1 tasse) maïs en grains cuit et égoutté
1 boîte de 540 ml (19 oz) haricots noirs, égouttés et rincés (ou 250 ml (1 tasse) haricots secs trempés 12 heures, cuits et égouttés)
10 ml (2 c. à thé) cumin
125 ml (½ tasse) coriandre fraîche hachée
Le jus de 2 limes
30 ml (2 c. à soupe) huile de canola
Sel et poivre, au goût

01 Dans une passoire fine, rincer le quinoa abondamment à l'eau froide. Ceci permet d'enlever la fine pellicule qui, autrement, lui conférerait un goût amer. Dans une casserole, déposer le quinoa égoutté et recouvrir d'eau salée. Amener à ébullition, puis baisser le feu au minimum et cuire à découvert 10 à 15 minutes. Ne pas trop cuire, sinon le quinoa se défera. Verser dans une passoire et rincer à l'eau froide. Bien égoutter et mettre dans un grand bol. 02 Ajouter le reste des ingrédients et mélanger délicatement. Laisser reposer 30 minutes à la température de la pièce pour mêler les saveurs avant de servir.

PETIT FUTÉ NUTRITION

Le quinoa est originaire d'Amérique latine. C'est une des céréales les plus anciennes de la planète et parmi les plus riches en protéines. Avec des légumineuses, cela donne un repas complet et pauvre en gras.

LE CLUB DES AUDACIEUX

Comme le concombre ne se conserve pas longtemps une fois coupé, on peut le remplacer par une courgette en petits dés, avec la peau.

Sauté de légumes au tofu

4 portions

Coût moyen par portion : 2,15 $

6 tasses haricots germés
250 ml (1 tasse) brocoli en fleurettes
6 ciboules (échalotes vertes) hachées
250 ml (1 tasse) pois mange-tout, coupés en 2
1 poivron rouge, en languettes
1 bloc de tofu extra-ferme, en cubes
60 ml (4 c. à soupe) huile de sésame rôti
30 ml (2 c. à soupe) gingembre frais haché
5 ml (1 c. à thé) de sauce au piment
15 ml (1 c. à soupe) sauce soya
3 gousses d'ail
500 ml (2 tasses) bouillon de poulet
15 ml (1 c. à soupe) fécule maïs
90 ml (6 c. à soupe) noix d'acajou pour garnir
Coriandre fraîche hachée pour garnir

01 Dans une grande poêle munie d'un couvercle ou un faitout, faire sauter tous les légumes, sauf les haricots germés et l'ail, dans la moitié de l'huile de sésame rôtie. Ajouter le tofu et la moitié de l'ail et cuire 2 minutes de plus. Dans un bol, délayer le bouillon de poulet avec la fécule, le gingembre, le reste de l'ail haché, la sauce au piment et la sauce soya. 02 Ajouter les germes de soja dans la poêle ou le faitout et verser dessus le mélange de bouillon de poulet. Couvrir et cuire à feu vif 7 à 8 minutes, en remuant à l'occasion, jusqu'à ce que les germes de soya soient juste tombés et encore croustillants. Rectifier l'assaisonnement et arroser du reste de l'huile de sésame. Servir garni de noix d'acajou et de coriandre hachée.

Poêle ou faitout avec couvercle

Couteau économe

Tasse à mesurer

Cuillères à mesurer

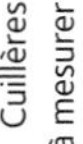

Couteau

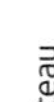

Planche à découper

PETIT FUTÉ NUTRITION

Non seulement les noix d'acajou apportent-elles du croquant à ce plat, mais elles contribuent aussi à hausser son contenu en protéines complètes et en bons gras.

LE CLUB DES AUDACIEUX

Le tofu est un peu comme du fromage à base de soya, qui a besoin d'être bien assaisonné pour être apprécié. Faible en gras, il est très riche en protéines végétales et remplace bien la viande.

AUDREY DUFRESNE

Un chef comme coloc !

Pays d'origine
Canada

Années d'expérience en cuisine
12 ans

Nombre de restaurants
1 seul

Nom des restaurants
Les 3 petits Bouchons

Recette dont tu es le plus fier
Ma pieuvre grillée

Ton plat favori
Le curry indien

Ton livre de cuisine favori
Michel Bras

Si tu vivais à faibles revenus et que tu ne pouvais manger qu'une seule chose, que choisirais-tu ?
Des tranches « single » de Kraft (ça fait vraiment des *grilled cheese* comme dans le temps !)

Quelle conserve est essentielle dans une armoire ?
Du thon rio mare ail et poivrons... Hum !

Une recette très rapide et savoureuse
Popcorn huile d'olive et paprika fumé ou une bonne soupe aux lentilles orange et lait de coco

Une recette de gang
La paella

Les ingrédients de base à avoir toujours sous la main
Fromage, moutarde, coriandre, œufs, roquette et lait de coco, mais surtout ne pas oublier le beurre salé et une huile d'olive savoureuse ; ça rehausse vraiment tout.

Une épicerie pour 40 $/semaine devrait comprendre quoi ?
Un poulet entier avec la carcasse pour faire un bouillon, du yogourt, des légumes asiatiques congelés, des fruits congelés, du lait, du miel, des vermicelles de riz, du pain, de la roquette et des tomates, des pois chiches ou des lentilles ; c'est l'idéal pour une salade ou une purée de type hummus facile.

Trucs et conseils minute pour apprenti-cuisinier
Internet est une bonne source d'inspiration pour tout le monde, ne pas hésiter à essayer de nouvelles choses et saveurs afin d'ouvrir vos horizons ; suivre les saisons aide aussi à diminuer les factures d'épicerie ; toujours goûter ce qu'on fait et goûter encore afin que l'assaisonnement soit le plus parfait possible ; s'amuser en cuisinant.

L'instrument essentiel à avoir sous la main dans la cuisine
Un robot mélangeur

Louche
Faitout
Plaque de cuisson
Couteau économe
Cuillères à mesurer
Couteau
Planche à découper

COUSCOUS FACILE
aux légumes d'hiver

6 à 8 portions

Coût moyen par portion : 1,80 $ à 2,50 $
(selon version végétarienne ou avec merguez)

1 boîte de couscous moyen
2 carottes, en tronçons
1 rutabaga moyen, en morceaux
1 gros oignon, en quartiers
2 panais, pelés et en tronçons
Huile d'olive
1 grosse courgette, avec la pelure, en rondelles
500 ml (2 tasses) pois chiches cuits et égouttés
125 ml (½ tasse) raisins secs jaunes (Thompson)
30 ml (2 c. à soupe) miel
10 ml (2 c. à thé) cumin en poudre
10 ml (2 c. à thé) coriandre en poudre ou en grains (écrasés)
10 ml (2 c. à thé) cannelle en poudre
2,5 ml (½ c. à thé) clou de girofle en poudre
1 morceau gingembre frais de 5 cm (2 po) haché
500 ml (2 tasses) bouillon poulet
250 ml (1 tasse) jus de légumes
15 ml (1 c. à soupe) de sauce piquante Harissa
Sel et poivre, au goût

01 Préchauffer le four à 200 °C (400 °F). 02 Sur une plaque de cuisson, déposer tous les légumes, sauf la courgette. Enduire d'huile d'olive et rôtir au four 20 à 25 minutes, en retournant à mi-cuisson. Retirer du four et mettre les légumes dans un faitout avec les épices et chauffer à feu moyen pour bien les enduire du mélange. Ajouter les raisins, le miel, le bouillon de poulet, la sauce piquante Harissa et le jus de légumes et amener à ébullition. Réduire le feu au minimum, ajouter les courgettes et les pois chiches cuits et réchauffer. Ajuster l'assaisonnement. 03 Entre-temps, dans une poêle, cuire le couscous selon les instructions du paquet. Déposer 180 ml (¾ tasse) de semoule cuite dans chaque assiette. Ajouter le mélange de légumes et de pois chiches et un peu de bouillon. Servir bien chaud.

PETIT FUTÉ NUTRITION
Cette version végétarienne du couscous est bourrée de vitamines, de fibres et de protéines végétales, pour un repas complet et économique.

LE CLUB DES AUDACIEUX
On peut ajouter des merguez cuites, mais les légumes grillés confèrent déjà beaucoup de saveur au plat.

Poêle à frire

Couteau économe

Cuillères à mesurer

Couteau

Planche à découper

Riz frit aux légumes et aux amandes

4 portions

Coût moyen par portion : 1,80 $

500 ml (2 tasses) riz blanc à grains longs, cuit
2 échalotes sèches hachées
4 ciboules (échalotes vertes) hachées
2 branches de céleri hachées finement
1 poivron vert haché finement
250 ml (1 tasse) pois verts congelés
3 gousses d'ail hachées
30 ml (2 c. à soupe) sauce soya à faible teneur en sodium
45 ml (3 c. à soupe) huile canola
250 ml (1 tasse) amandes rôties 10 minutes au four
5 ml (1 c. à thé) thym

01 Dans une poêle antiadhésive, chauffer l'huile à feu moyen-vif et y sauter les légumes (sauf les pois et l'ail) avec le thym jusqu'à ce qu'ils soient tendres. 02 Ajouter le riz, les pois verts, les amandes rôties, la sauce soya et l'ail haché et poursuivre la cuisson à feu moyen pour bien réchauffer le tout et marier les saveurs.

PETIT FUTÉ NUTRITION
Les amandes sont un vrai cadeau-santé : riches en bons gras, en fibres, en vitamines, minéraux et en protéines végétales, elles contribuent à la sensation de satiété tout en remplaçant la viande dans ce plat.

LE CLUB DES AUDACIEUX
Pour une version asiatique, ajouter deux œufs battus et un peu de sauce pimentée en fin de cuisson et bien mélanger. Garnir de coriandre hachée.

Pâté chinois aux patates douces, bœuf et lentilles

6 portions

Coût moyen par portion : 1,80 $ à 2,20 $

454 g (1 lb) steak haché maigre
500 ml (2 tasses) lentilles brunes, cuites et égouttées
30 ml (2 c. à soupe) farine tout usage non blanchie
1 oignon haché
2 gousses d'ail hachées
1 branche de céleri hachée
750 ml (3 tasses) maïs en grains
1 casseau de champignons de Paris tranchés
Huile d'olive
6 grosses patates douces
30 ml (2 c. à soupe) beurre
5 ml (1 c. à thé) thym
5 ml (1 c. à thé) sarriette
5 ml (1 c. à thé) sauge
5 ml (1 c. à thé) paprika
Noisettes de beurre pour garnir
Sel et poivre, au goût

01 Peler les patates douces et les cuire à l'eau bouillante salée jusqu'à ce qu'elles soient très tendres. Égoutter et piler, en ajoutant beurre, sauge, sel et poivre. Réserver. 02 Dans une poêle antiadhésive, faire sauter l'oignon et le céleri dans l'huile d'olive à feu moyen jusqu'à tendreté. Ajouter le bœuf haché, les champignons, l'ail, le thym et la sarriette et poursuivre la cuisson à feu vif jusqu'à ce que la viande ait perdu sa teinte rosée. Égoutter dans une passoire fine, ajouter les lentilles cuites, saler et poivrer au goût. Parsemer de farine et mélanger. Réserver. 03 Préchauffer le four à 200 °C (400 °F). 04 Dans un plat à gratin, dresser le mélange de bœuf, lentilles et champignons. Ajouter le maïs en grains et recouvrir de purée de patates douces. Garnir de noisettes de beurre et de paprika. Cuire au four 30 minutes, ou jusqu'à ce que le pâté soit chaud à cœur.

Cuillère de bois
Plat à gratin
Pile-patates
Poêle
Tasse à mesurer
Cuillères à mesurer
Couteau
Planche à découper

PETIT FUTÉ NUTRITION
La patate douce est plus nourrissante que la pomme de terre. Sa belle couleur orange lui vient de la béta-carotène, qui se transforme en vitamine A et protège la peau, les yeux, les dents et les os.

TROQUER C'EST DE SANTÉ
Pour les jours moins fastes, on peut remplacer le bœuf par des lentilles et omettre les champignons.

POMMES DE TERRE FARCIES DÉCADENTES

8 portions

Coût moyen par portion : 1,70 $

4 grosses pommes de terre Russet cuites au four et refroidies
4 ciboules (oignons verts) hachées
2 gousses d'ail hachées finement
60 ml (4 c. à soupe) persil frais haché
60 ml (4 c. à soupe) miettes de bacon cuites
1 casseau de champignons de Paris tranchés
15 ml (1 c. à soupe) moutarde de Dijon
15 ml (1 c. à soupe) mayonnaise
125 ml (½ tasse) gruyère râpé ou cheddar, divisé
Sel et poivre, au goût

01 Préchauffer le four à 200 °C (400 °F). 02 Dans une poêle, faire sauter les champignons et les ciboules à feu vif. Ajouter l'ail, saler et poivrer. Réserver. 03 Couper les pommes de terre cuites sur la longueur. À l'aide d'une cuillère, retirer la chair, en prenant soin d'en laisser suffisamment autour de la pelure pour la garder intacte. Mettre la chair dans un bol. Saler et poivrer les demi-pommes de terre évidées et mettre sur une plaque de cuisson légèrement huilée. Réserver. 04 Mélanger la chair de pommes de terre avec la moutarde, la mayonnaise, les légumes sautés, le bacon et la moitié du fromage râpé. Rectifier l'assaisonnement. Farcir les pelures de pommes de terre de ce mélange et les recouvrir du reste du fromage râpé. Cuire au four 20 à 25 minutes, ou jusqu'à ce que le dessus soit gratiné, et l'intérieur, bien chaud.

Plaque à biscuits
Cuillère de bois
Râpe
Cuillères à mesurer
Couteau
Planche à découper

PETIT FUTÉ NUTRITION

Il ne faut pas confondre sauce à salade et mayonnaise. Si elles ont la même apparence, la première contient beaucoup de sucre et elle fausse le goût des aliments. N'acheter que celle avec mention « vraie mayonnaise » sur l'étiquette.

LE CLUB DES AUDACIEUX

Pour changer, remplacer la mayonnaise par du pesto et ajouter des olives noires dénoyautées et hachées et des tomates séchées en fines lanières.

Risotto simplissimo aux épinards

4 portions

Coût moyen par portion : 1,60 $

500 ml (2 tasses) riz à risotto Carnaroli ou Arborio (disponible en épicerie)
2 échalotes sèches, hachées finement
1 oignon, haché finement
60 ml (4 c. à soupe) huile d'olive
5 ml (1 c. à thé) thym
125 ml (½ tasse) vin blanc (facultatif)
2 litres (8 tasses) bouillon de légumes chaud
375 ml (1,5 tasse) épinards congelés (en sac)
250 ml (1 tasse) fromage parmesan râpé
Sel et poivre du moulin, au goût

01 Dans un faitout, faire suer l'échalote et l'oignon hachés dans la moitié de l'huile d'olive jusqu'à transparence. Ajouter l'ail, le reste de l'huile d'olive, le riz et le thym. Bien remuer pour enrober chaque grain de riz d'huile. Déglacer au vin blanc et laisser le riz absorber presque complètement le vin, en remuant constamment. 02 Ajouter le tiers du bouillon chaud et cuire en remuant souvent, jusqu'à ce que la quasi-totalité du bouillon soit absorbée. Répéter l'opération jusqu'à ce que le riz soit cuit, mais encore légèrement al dente. Ajouter les épinards congelés et une dernière louche de bouillon chaud. Cuire quelques minutes de plus. Terminer avec le parmesan râpé et le poivre. Rectifier l'assaisonnement et servir. 03 Ceux qui le désirent peuvent ajouter une bonne noix de beurre en fin de cuisson pour lustrer le risotto.

Cuillère de bois

Râpe

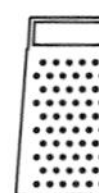

Faitout

Tasse à mesurer

Cuillères à mesurer

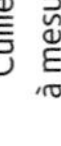

Couteau

Planche à découper

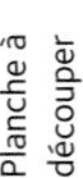

PETIT FUTÉ NUTRITION

Dans cette recette, nous avons remplacé le beurre traditionnellement et abondamment utilisé (très riche en gras saturés) par de l'huile d'olive. Et nous avons omis le safran espagnol, qui coûte cher… Libre à vous d'en ajouter.

LE CLUB DES AUDACIEUX

Certains chefs s'amusent à remplacer le riz italien à risotto par de l'orge et le parmesan par du cheddar québécois vieilli. Le résultat est intéressant, surtout si on ajoute du poireau et des champignons !

légumes

Salade-repas du chef

2 portions

Coût moyen par portion : 1,80 $

1 pomme de laitue frisée, lavée et essorée
1 tomate coupée en 8 quartiers
4 radis coupés en fines tranches
½ concombre anglais finement tranché
½ poivron rouge, vert ou orange en languettes
2 ciboules (échalotes vertes) hachées
10 olives noires dénoyautées
4 tranches de jambon
125 ml (½ tasse) gruyère râpé

Vinaigrette
10 ml (2 c. à thé) moutarde de Dijon
30 ml (2 c. à soupe) vinaigre vin blanc
1 échalote sèche émincée finement
5 ml (1 c. à thé) estragon ou marjolaine
1 pincée de sucre
Sel et poivre du moulin
90 ml (6 c. à soupe) huile d'olive extra-vierge

01 Préparer la vinaigrette en fouettant dans un petit bol tous les ingrédients, sauf l'huile d'olive. Ajouter ensuite l'huile d'olive en un mince filet, sans cesser de fouetter, pour émulsionner. 02 Couper les tranches de jambon en deux, puis les rouler en 8 cigares. Réserver. Dans deux grands bols, répartir la laitue frisée. Disposer joliment tomates, radis, ciboules, poivrons, concombre. Garnir avec le jambon roulé, les olives noires et le fromage gruyère. Arroser de vinaigrette juste avant de servir.

Râpe
Tasse à mesurer
Cuillères à mesurer
Couteau
Planche à découper

TROQUER C'EST DE SANTÉ
On peut remplacer la laitue frisée par de la romaine ou de la Boston, les ciboules par des oignons rouges, les olives par des cornichons, le gruyère par un autre fromage, le jambon par du poulet ou des légumineuses.

PARESSEUX ORGANISÉ
Les sacs de laitue mélangée et prélavée sont chers, mais pratiques.
À utiliser à l'occasion, plutôt que de gaspiller sa laitue ou de s'en priver !

TOMATES FARCIES AU THON

2 portions

Coût moyen par portion : 2,00 $

2 grosses tomates bien rouges
1 boîte 170 g (5 oz) thon dans l'eau, égoutté
1 branche de céleri hachée finement
60 ml (4 c. à soupe) mayonnaise
15 ml (1 c. à soupe) jus de citron
2 petits cornichons hachés
125 ml (½ tasse) tomates-cerises
125 ml (½ tasse) petits pois congelés, dégelés
15 ml (1 c. à soupe) estragon haché
15 ml (1 c. à soupe) aneth frais haché
Sel et poivre, au goût

01 Découper une fine tranche à la base des tomates pour qu'elles se tiennent bien droit sur l'assiette. 02 Couper ensuite une tranche de taille moyenne sur le haut des tomates. Les vider délicatement de leur pulpe en prenant soin de ne pas les percer. Saler et poivrer les cavités. 03 Mettre la pulpe des tomates dans un bol avec les tomates-cerises coupées en quatre. Ajouter la mayonnaise et le jus de citron, le céleri, le thon émietté, les petits pois et les cornichons. Assaisonner de sel, poivre, aneth et estragon. Mélanger délicatement et farcir les tomates de ce mélange.

Chef : Jérôme Ferrer, *restaurant Europea, Montréal*

Cuillères à mesurer

Ouvre-boîte

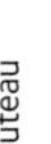

Couteau

Planche à découper

PETIT FUTÉ NUTRITION
La tomate est un fruit fantastique, qui contient beaucoup de vitamine C, de fibres et de lycopène, qui aide à prévenir certains cancers, dont celui de la prostate.

TROQUER C'EST DE SANTÉ
On peut remplacer le thon par du crabe, des crevettes nordiques, du saumon ou du poulet.

Bol

Tasse à mesurer

Cuillères à mesurer

Couteau

Planche à découper

Salade de pois chiches à la menthe et au fromage feta

4 portions

Coût moyen par portion : 2,20 $

500 ml (2 tasses) couscous cuit
500 ml (2 tasses) pois chiches cuits et égouttés
125 ml (½ tasse) fromage feta rincé et émietté
2 concombres pelés, épépinés et hachés
1 oignon rouge finement haché
12 olives kalamata dénoyautées et hachées
125 ml (½ tasse) menthe fraîche ciselée
125 ml (½ tasse) basilic frais haché
75 ml (5 c. à soupe) jus de citron
45 ml (3 c. à soupe) huile d'olive extra-vierge
Sel et poivre, au goût

01 Dans un grand bol, mettre le couscous et les pois chiches. Ajouter le reste des ingrédients et mélanger délicatement. Assaisonner au goût et servir.

ASTUCE NUTRITION
La menthe et le basilic confèrent beaucoup de fraîcheur à cette recette, en plus d'offrir des antioxydants bénéfiques et des fibres.

TROQUER C'EST DE SANTÉ
Les noix de pin rôties ajoutent un charme fou à cette salade d'inspiration grecque. Mais elles sont chères !

Cuillère de bois
Faitout
Cuillères à mesurer
Tasse à mesurer
Couteau
Planche à découper

Ratatouille de la Méditerranée du Nord

8 à 10 portions

Coût moyen par portion : 1,60 $

2 gros oignons en dés
6 courgettes non pelées en dés
1 aubergine moyenne en dés
75 ml (5 c. à soupe) huile d'olive
8 gousses d'ail écrasées et hachées
4 branches de thym frais
10 ml (2 c. à thé) marjolaine sèche
5 ml (1 c. à thé) romarin en poudre
8 tomates séchées et hachées finement
1 boîte de tomates italiennes, avec le jus
Sel et poivre, au goût

01 Dans un faitout, sauter l'oignon dans l'huile d'olive 5 minutes à feu moyen. Ajouter le reste des ingrédients, saler et poivrer. Laisser mijoter à feu doux et à découvert de 60 à 75 minutes, en remuant de temps en temps. Servir gratiné avec du riz, des pâtes ou en accompagnement d'une viande ou d'un poisson grillé.

PETIT FUTÉ NUTRITION
Cette recette est un bon exemple de la célèbre diète méditerranéenne, à base de légumes, de tomates, d'herbes et d'huile d'olive, réputée excellente pour protéger notre santé.

LE CLUB DES AUDACIEUX
Pour un repas complet, ajouter simplement des légumineuses et du riz !

Salade César des célébrités

2 portions

Coût moyen par portion: 1,80$

2 têtes de laitue romaine lavée et essorée
2 tranches de pain de la veille, grillées
60 ml (2 c. à soupe) parmesan râpé

Vinaigrette
1 œuf poché mollet cuit 2 minutes
10 ml (2 c. à thé) moutarde de Dijon
30 ml (2 c. à soupe) jus de citron
2 gousses d'ail écrasées (pour les croûtons)
2 gousses d'ail écrasées et hachées (pour la vinaigrette)
5 gouttes sauce Worcestershire
90 ml (6 c. à soupe) huile d'olive extra-vierge, divisée
Sel et poivre au goût

01 Tremper l'ail écrasé dans l'huile d'olive et laisser reposer 30 minutes pour la parfumer. Retirer l'ail de l'huile, bien l'égoutter et en frotter le pain grillé. Jeter l'ail écrasé et couper le pain en cubes pour les croûtons. Réserver. 02 Préparer la vinaigrette. Dans un bol, déposer le jaune d'œuf légèrement cuit et jeter le blanc. Ajouter la moutarde, le jus de citron, les gousses d'ail écrasées et hachées, la sauce Worcestershire, un peu de sel et de poivre. Bien délayer au fouet. Sans cesser de battre vigoureusement, ajouter l'huile d'olive en un très mince filet pour bien émulsionner la vinaigrette. 03 Rectifier l'assaisonnement et réserver. 04 Couper la laitue romaine en bouchées et mettre dans un grand bol à salade. Ajouter les croûtons et la vinaigrette, puis le parmesan râpé et touiller délicatement pour bien enrober la laitue de vinaigrette. Ajouter un peu de poivre en grains. Répartir dans deux bols et servir.

Râpe
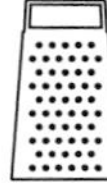

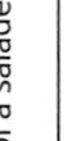
Bol à salade

Fouet

Tasse à mesurer

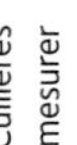
Cuillères à mesurer

Planche à découper

PETIT FUTÉ NUTRITION
Pour un repas complet, ajouter un peu de poulet cuit ou de crevettes. Les croûtons maison sont moins chers et plus savoureux.

LE CLUB DES AUDACIEUX
Même si la recette originale de salade César ne contient pas d'anchois ni de bacon, libre à vous d'en ajouter, avec des câpres, si désiré.

RICARDO
LARRIVÉE
Un chef comme coloc !

Pays d'origine
Canada

Années d'expérience en cuisine
Depuis 1990, donc 20 ans déjà !

Nombre de restaurants
Aucun restaurant

Recette dont tu es le plus fier
Brownies au Nutella
http://www.ricardocuisine.com/recettes/
barres-carres-et-muffins/3113-brownie-au-nutella

Ton plat favori
Pour le moment, je dirais le poulet du général Tao

Ton livre de cuisine favori
Le Larousse gastronomique

Si tu vivais à faibles revenus et que tu ne pouvais manger qu'une seule chose, que choisirais-tu ?
Des pommes de terre

Quelle conserve est essentielle dans une armoire ?
Des légumineuses

Une recette très rapide et savoureuse
Une soupe-repas

Une recette de gang
Un mijoté, c'est toujours bon

Les ingrédients de base à avoir toujours sous la main
Poisson ou viande congelé, oignons, pâtes, riz, légumineuses, beurre, légumes et fruits surgelés, bouillon de poulet

Une épicerie pour 40 $/semaine devrait comprendre quoi ?
Malheureusement, de nos jours, on nourrit difficilement une famille avec 40 $, mais il devrait y avoir des féculents (pain, pâtes, patates), des fruits et légumes frais ou surgelés, selon le prix et la saison. On peut aussi faire des belles trouvailles en bout d'allée à l'épicerie avec des produits emballés à 50 % de rabais, comme des légumineuses, de la viande ou du poisson en spécial

Trucs et conseils minute pour apprenti-cuisinier
Commencer avec des soupes-repas et des mijotés, car c'est très goûteux, pas compliqué et pas cher

L'instrument essentiel à avoir sous la main dans la cuisine
Un bon couteau

Assiette de service
Bol
Couteau
Cuillères à mesurer
Planche à découper

Salade grecque

2 portions (repas)

Coût moyen par portion : 2,00 $

3 grosses tomates bien mûres coupées en 8 quartiers
1 concombre anglais (avec la peau), en rondelles
1 oignon rouge en fines rondelles
125 ml (½ tasse) fromage feta émietté
12 olives kalamata (dénoyautées ou non, au choix)
30 ml (2 c. à soupe) jus citron
30 ml (2 c. à soupe) huile d'olive extra-vierge
10 ml (2 c. à thé) origan, divisé
Sel et poivre du moulin

01 Dans une assiette de service, alterner les quartiers de tomate et les tranches de concombre. Saler et laisser dégorger 30 minutes. Ajouter les rondelles d'oignon. Saupoudrer d'origan et de poivre en grain. Émietter le fromage feta sur les légumes et ajouter les olives. Arroser de jus de citron et d'huile d'olive. Saupoudrer du reste de l'origan et poivrer. Servir avec un bon pain croûté non beurré, pour mieux goûter la vinaigrette.

PETIT FUTÉ NUTRITION
Comme l'huile d'olive, les olives contiennent des gras insaturés excellents pour le cœur, mais à consommer à petites doses : car elles sont aussi riches en sel et en calories !

LE CLUB DES AUDACIEUX
Comme la banane, la mangue et l'avocat, la tomate a horreur du frigo, qui tue ses arômes et change sa texture. Laisser sur le comptoir de cuisine .

Faitout
Bol
Tasse à mesurer
Cuillères à mesurer
Couteau
Planche à découper

Salade de légumes en escabèche

6 à 8 portions

Coût moyen par portion: 1,70 $

½ chou-fleur en gros bouquets
½ brocoli en gros bouquets
2 carottes épluchées et coupées en fines tranches
2 branches de céleri en petits morceaux
1 poivron rouge en languettes
12 petits oignons blancs blanchis et épluchés
30 ml (2 c. à soupe) huile d'olive
45 ml (3 c. à soupe) d'eau froide
45 ml (3 c. à soupe) vinaigre vin blanc
15 ml (1 c. à soupe) persil séché
5 ml (1 c. à thé) thym séché
Sel et poivre, au goût

01 Dans un faitout, faire revenir dans l'huile d'olive à feu très doux (sans colorer) les carottes, le céleri et les oignons pendant 3 minutes. Ajouter le poivron, le chou-fleur, le brocoli et poursuivre la cuisson 2 minutes. 02 Saler généreusement, poivrer, ajouter le thym, le persil, l'eau et le vinaigre de vin blanc et augmenter le feu pour amener à ébullition rapide. Retirer du feu immédiatement et déposer dans un bol de verre. Laisser refroidir à découvert à la température de la pièce en remuant pour bien répartir la marinade dans les légumes. Rectifier l'assaisonnement et verser dans des pots de verre munis de couvercles. Se conserve 1 semaine à 10 jours au réfrigérateur. Servir à l'apéro, en entrée en guise de salade ou avec des viandes froides.

PETIT FUTÉ NUTRITION
Cette recette est très appréciée, parce que les légumes restent croquants et débordent de goût. Ils ont aussi conservé une bonne partie de leur valeur nutritive du fait de la cuisson très courte.

TROQUER C'EST DE SANTÉ
On peut choisir la combinaison de légumes que l'on veut: fenouil, haricots verts, navet, rutabaga, etc. Simplement regrouper les légumes selon leur temps de cuisson.

Salade de pommes de terre

4 à 6 portions

Coût moyen par portion : 1,50 $

6 pommes de terre rouges, avec la pelure
2 gousses d'ail écrasées et hachées finement
1 branche de céleri hachée finement
6 ciboules (échalotes vertes) hachées
1 gros cornichon à l'aneth haché finement
60 ml (4 c. à soupe) persil frais haché
15 ml (1 c. à soupe) moutarde de Dijon
45 ml (3 c. à soupe) mayonnaise
45 ml (3 c. à soupe) yogourt nature
10 ml (2 c. à thé) du vinaigre des cornichons à l'aneth
Sel et poivre, au goût

01 Bien laver les pommes de terre, en conservant la pelure. Les couper en 4 et les déposer dans une casserole remplie d'eau froide salée. Amener à ébullition et cuire à feu moyen jusqu'à ce que les pommes de terre soient tendres, mais encore *al dente*. Refroidir sous l'eau froide, égoutter et éponger. Couper les pommes de terre en gros dés et les déposer dans un grand bol. Ajouter l'ail, le céleri, les ciboules, le cornichon haché et le persil. Réserver. 02 Dans un petit bol, fouetter la moutarde, la mayonnaise, le yogourt nature et la marinade des cornichons. Saler et poivrer. Verser sur le mélange de pommes de terre et touiller délicatement. Rectifier l'assaisonnement. Refroidir au moins 30 minutes pour bien mêler les saveurs.

Bol
Tasse à mesurer
Cuillères à mesurer
Couteau
Planche à découper
Casserole

PETIT FUTÉ NUTRITION
La pelure des pommes de terre contient fibres et antioxydants et une partie des vitamines et minéraux se trouve juste sous la peau. C'est pourquoi il vaut mieux la conserver. L'idéal reste cependant la cuisson au four, avec pelure.

LE CLUB DES AUDACIEUX
Pour varier, on peut ajouter jambon, bacon, olives, etc.

LÉGUMES RÔTIS

2 Plaques de cuisson

Couteau

Planche à découper

4 à 6 portions

Coût moyen par portion : 1,60 $

2 courgettes moyennes
1 aubergine moyenne (ou 2 petites italiennes)
1 poivron rouge, orange ou jaune
1 oignon épluché
Huile d'olive pour badigeonner
5 ml (1 c. à thé) marjolaine
Sel et poivre, au goût

01 Préchauffer le four à 220 °C (425 °F). 02 Couper les courgettes en fines tranches sur la longueur, en conservant la pelure. Couper l'aubergine en rondelles de la même épaisseur. Tailler le poivron en 8 languettes. Couper l'oignon en 8 quartiers. Badigeonner les légumes d'huile d'olive. Les déposer sur 2 plaques à cuisson en laissant un espace entre chaque morceau. Au besoin, cuire les légumes en 2 fois. 03 Cuire 10 minutes, ou jusqu'à ce qu'ils commencent à griller. Retourner et poursuivre la cuisson. Retirer du four, saler, poivrer et saupoudrer de marjolaine. Servir avec du poulet, du poisson ou des saucisses, froid ou chaud. Délicieux aussi en salade.

PARESSEUX ORGANISÉ
Cette recette est délicieuse avec des légumes racines : carotte, panais, rutabaga, betterave, patate sucrée, courge. Ajuster le temps de cuisson en conséquence.

RADIN GOURMAND
Ce plat permet d'acheter les légumes locaux, ce qui est plus écolo, vu qu'on évite le transport sur de longues distances. On mange aussi plus frais pour moins cher !

SUPER salade de chou

6 à 8 portions

Coût moyen par portion : 1,00 $

1 petit chou vert (ou 1 chou vert frisé)
1 carotte moyenne
1 pomme Granny Smith
30 ml (2 c. à soupe) jus de citron
45 ml (3 c. à soupe) mayonnaise
15 ml (1 c. à soupe) yogourt nature
15 ml (1 c. à soupe) vinaigre cidre
Pincée de sucre
10 ml (2 c. à thé) poudre de cari
125 ml (½ tasse) persil frisé haché finement
5 ml (1 c. à thé) graines de carvi (facultatif)
Sel et poivre, au goût

01 Dans un grand bol, hacher finement le chou et râper la carotte. Couper la pomme en dés, avec la pelure, et mettre dans un petit bol, avec le jus de citron. Dans un autre bol, mélanger la mayonnaise, le yogourt nature, le vinaigre de cidre, le sucre et la poudre de cari. Saler et poivrer et verser sur les légumes. Ajouter la pomme en dés, le persil, les graines de carvi et mélanger délicatement. Rectifier l'assaisonnement. Laisser reposer au moins 30 minutes pour bien mélanger les saveurs.

Bol

Râpe

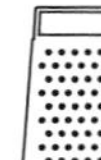
Tasse à mesurer

Cuillères à mesurer
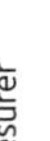

Couteau économe

Couteau

Planche à découper
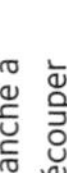

PETIT FUTÉ NUTRITION
Le chou appartient à la famille des crucifères (chou-fleur, brocoli, chou de Bruxelles, etc.). Aucun lien de parenté avec le crucifix… sauf qu'ils contiennent un véritable arsenal (composés soufrés) pour lutter contre la prolifération des cellules cancéreuses.

TROQUER C'EST DE SANTÉ
On peut faire cette salade avec des betteraves crues râpées. C'est délicieux et sucré comme des bonbons !

6 Viandes et volailles

Faitout

Rôtissoire

Cuillères à mesurer

Couteau

Planche à découper

POULET ÉPICÉ

6 à 8 portions

Coût moyen par portion : 3,00 $

1 poulet d'environ 1,5 kg (3,5 lb), vidé des foies et gésiers
2 oignons espagnols émincés
2 grosses carottes en rondelles de 1,5 cm (½ po) d'épaisseur
2 citrons
2 pommes évidées et en quartiers
15 ml (1 c. à soupe) poudre de cari
15 ml (1 c. à soupe) cassonade
15 ml (1 c. à soupe) sel
15 ml (1 c. à soupe) poivre noir
45 ml (3 c. à soupe) gras de poulet fondu (prélevé sur le bouillon)

01 Dans un faitout, placer le poulet préalablement attaché aux pattes, les ailes retournées sur le corps. Recouvrir d'eau et amener à ébullition à feu vif. Baisser le feu et laisser frémir 15 minutes. Laisser reposer le poulet dans son eau de cuisson 30 minutes. 02 Préchauffer le four à 200 °C (400 °F). 03 Mélanger le jus de citron, le gras de poulet, la poudre de cari, la cassonade, le sel et le poivre noir et réserver. 04 Dans une rôtissoire, déposer les oignons, les carottes, les citrons et les pommes. Enduire le poulet blanchi de pâte d'épices. Le déposer dans la rôtissoire et le cuire au four pendant 30 minutes. Déglacer la rôtissoire avec 2 tasses de l'eau de cuisson du poulet (bouillon). Laisser reposer 15 minutes avant de trancher. Servir avec la garniture de légumes et de pommes rôtis et du riz basmati brun.

Chef : Danny Saint-Pierre, *restaurant Auguste, Sherbrooke*

PETIT FUTÉ NUTRITION
Le poulet est une viande maigre, si on ne consomme pas sa peau. Il est riche en protéines d'excellente qualité et contient près d'une quinzaine de vitamines et minéraux essentiels.

LE CLUB DES AUDACIEUX
Cette technique de la pâte d'épices peut être utilisée avec toutes les viandes et le poisson pour leur conférer beaucoup de goût et préserver leur mœlleux.

Plaque de cuisson

Bol

Cuillères à mesurer

Couteau

Planche à découper

PILONS DE POULET MIEL ET MOUTARDE

6 portions

Coût moyen par portion : 2,25 $

12 pilons de poulet sans la peau
60 ml (4 c. à soupe) miel
60 ml (4 c. à soupe) huile de canola
30 ml (2 c. à soupe) jus de lime
10 ml (2 c. à thé) moutarde de Dijon
2 gousses d'ail hachées
30 ml (2 c. à soupe) sauce soya à teneur réduite en sel
5 ml (1 c. à soupe) sauce piquante

01 Dans un bol de verre ou de pyrex, mélanger tous les ingrédients de la marinade. Ajouter les pilons de poulet et mêler délicatement pour bien les enduire de marinade. Couvrir et laisser mariner au frigo de 3 à 24 heures (maximum). 02 Préchauffer le four à 200 °C (400 °F). 03 Retirer le poulet de la marinade et conserver celle-ci. Entre-temps, déposer le poulet sur une plaque de cuisson recouverte de papier parchemin. Cuire 15 minutes, en arrosant de marinade 1 fois, après 5 minutes de cuisson. Retourner les pilons et cuire 15 minutes supplémentaires en les arrosant de marinade 1 fois de plus, après 5 minutes de cuisson. Servir avec une salade verte et des pommes de terre grillées.

PARESSEUX ORGANISÉ
Cette recette est aussi délicieuse avec des dos de poulet désossés qu'avec des grosses crevettes ou des cubes de tofu.

TROQUER C'EST DE SANTÉ
On peut remplacer le miel par du sirop d'érable et ajouter du gingembre au lieu de la sauce piquante.

Faitout

Tasse à mesurer

Cuillères à mesurer

Couteau

Planche à découper

Poulet divan à la crème de champignons

4 portions

Coût moyen par portion : 2,10 $

454 g (1 lb) poulet cuit
1 carotte en fines rondelles
2 tasses (500 ml) de champignons de Paris
2 oignons en quartiers
2 gousses d'ail
30 ml (2 c. à soupe) huile d'olive
2 boîtes crème de champignons
125 ml (½ tasse) vin blanc (facultatif)
15 ml (1 c. à soupe) moutarde de Dijon
250 ml (1 tasse) eau
1 tasse (250 ml) pois congelés
4 tranches pain de campagne grillées
Sel et poivre, au goût

01 Dans une poêle, faire suer les oignons, les carottes et les champignons dans l'huile d'olive pendant une dizaine de minutes. Ajouter les gousses d'ail et déglacer au vin blanc. Ajouter la crème de champignons, la moutarde et l'eau et bien mélanger à l'aide d'un fouet pour éviter les grumeaux. Couvrir et amener à ébullition. Ajouter les pois congelés et cuire 2 minutes, pour les réchauffer. 02 Servir cette sauce sur des tranches de pain grillées.

PARESSEUX ORGANISÉ
Cette recette se veut une version simplifiée du vol-au-vent et du pâté au poulet. Sauf qu'elle contient beaucoup moins de gras et se prépare très rapidement !

LE CLUB DES AUDACIEUX
Pour une version italienne, omettre la moutarde, ajouter 30 ml (2 c. à soupe) de pâte de tomate et 250 ml (1 tasse) de tomates italiennes, avec du basilic. Gratiner avec un peu de parmesan râpé.

JEAN-LUC
BOULAY

Un chef comme coloc !

Pays d'origine
France (Normandie)

Années d'expérience en cuisine
Plus de 35 ans

Nombre de restaurants
1

Nom des restaurants
Le Saint-Amour, Québec

Recette dont tu es le plus fier
Pigeonneau de la Ferme Turlo cuit sur coffre
et ses cuisses confites au foie gras

Ton plat favori
Le foie gras

Ton livre de cuisine favori
Les livres de Joël Robuchon destinés aux professionnels

Si tu vivais à faibles revenus et que tu ne pouvais manger qu'une seule chose, que choisirais-tu ?
Des légumes de mon jardin

Quelle conserve est essentielle dans une armoire ?
Des sardines

Une recette très rapide et savoureuse
Crevettes poêlées au cari et lait de coco

Une recette de gang
Un pot-au-feu de légumes

Les ingrédients de base à avoir toujours sous la main
Pâtes, moutarde de Dijon, beurre, huile d'olive, sel, poivre,
vinaigre balsamique, lentilles, parmesan

Une épicerie pour 40 $/semaine devrait comprendre quoi ?
Du pain, du poulet, des légumineuses, des pâtes, de l'huile d'olive,
des légumes-racines, du fromage

Trucs et conseils minute pour apprenti-cuisinier
Prendre le temps de bien cuisiner en respectant les temps de cuisson.
Toujours goûter et oser assaisonner suffisamment

L'instrument essentiel à avoir sous la main dans la cuisine
Un couteau qui coupe et un petit thermomètre à cuisson

Pain de viande
à se rouler par terre

6 portions

Coût moyen par portion : 1,75 $

454 g (1 lb) veau haché maigre
1 échalote sèche hachée
2 gousses d'ail hachées
1 branche de céleri hachée finement
5 ml (1 c. à thé) thym sec
5 ml (1 c. à thé) marjolaine
Quelques gouttes sauce Worcestershire
1 œuf
15 ml (1 c. à soupe) pesto du commerce
15 ml (1 c. à soupe) pâte tomate, divisée
125 ml (½ tasse) chapelure
7,5 ml (1,5 c. à thé) sel + poivre, au goût

01 Préchauffer le four à 180 °C (350 °F). 02 Dans un bol, mélanger tous les ingrédients avec les mains. Bien assaisonner. Déposer dans un moule à pain et façonner en forme de pain. Cuire au four 50 minutes. Retirer du four, égoutter les jus de cuisson et glacer le dessus du pain de viande avec un peu de pâte de tomate. Remettre au four 20 minutes. 03 Sortir du four et laisser reposer 10 minutes avant de servir avec des haricots verts et des pommes de terre au four.

Moule à pain
Bol
Râpe
Tasse à mesurer
Cuillères à mesurer
Couteau économe
Couteau
Planche à découper

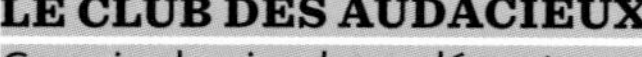

LE CLUB DES AUDACIEUX

Ce pain de viande se déguste aussi bien froid, en sandwich, que sous forme de sauce à spaghetti, et il se congèle très bien. Pourquoi ne pas en préparer une double recette ?

TROQUER C'EST DE SANTÉ

On peut ajouter des tomates séchées ciselées ou faire une version asiatique, avec du porc haché, de la coriandre fraîche, du gingembre et de la sauce soya.

Mijoté de veau du Québec aux légumes-racines

8 portions

Coût moyen par portion : 2,20 $

1 kg (2,2 lb) veau du Québec en cubes
45 ml (3 c. à soupe) huile végétale
60 ml (¼ tasse) farine tout usage
10 ml (2 c. à thé) estragon séché
5 ml (1 c. à thé) thym séché
10 ml (2 c. à thé) marjolaine séchée
250 ml (1 tasse) vin blanc
500 ml (2 tasses) bouillon poulet ou fond de veau
3 carottes en tronçons de 2,5 cm (1 po)
1 petit rutabaga (navet jaune) en morceaux
2 panais en tronçons de 2,5 cm (1 po)
1 gros oignon en quartiers
Sel et poivre, au goût

01 Préchauffer le four à 180 °C (350 °F). 02 Dans un petit bol, mélanger la farine et les fines herbes. Saler et poivrer. Fariner les morceaux de veau et les faire sauter dans le faitout dans l'huile chaude pour qu'ils grillent sur toutes les faces. Retirer le veau du faitout, déglacer au vin blanc et réduire des deux-tiers. Ajouter le reste de la farine et mélanger pour bien délayer. Ajouter le bouillon de poulet (ou le fond de veau). 03 Remettre les cubes de veau dans le faitout. Cuire 45 minutes à 1 heure au four, à couvert, en remuant une fois en cours de cuisson. Retirer du four, ajouter les légumes-racines et bien mélanger. Ajouter un peu de bouillon, au besoin. Cuire au four, à couvert, 45 minutes, ou jusqu'à ce que les légumes soient cuits, mais encore légèrement croquants. Servir avec du riz brun ou des pommes de terre au four.

Bol
Tasse à mesurer
Cuillères à mesurer
Couteau économe
Couteau
Planche à découper
Faitout

PETIT FUTÉ NUTRITION
Le veau de grain du Québec est une viande tendre, pauvre en gras et riche en protéines de qualité. Une petite portion de 80 g à 100 g (2,5 à 3,5 oz), complétée de légumes et d'un féculent, suffit pour répondre à nos besoins.

LE CLUB DES AUDACIEUX
On peut aussi ajouter de la courge musquée aux légumes-racines ou servir ce plat sur un lit d'épinards.

Papier d'aluminium

Couteau

Planche à découper

Braisé de bœuf à l'oignon

8 portions

Coût moyen par portion : 1,90 $

1 morceau de paleron de bœuf de 1 kg à 1,5 kg (2,2 lb à 3 lb)
4 oignons taillés en quartiers
4 gousses d'ail hachées
2 échalotes sèches hachées
125 ml (½ tasse) vin rouge (facultatif)
250 ml (1 tasse) consommé bœuf
5 branches de thym
5 ml (1 c. à thé) cumin en poudre
Sel et poivre, au goût

01 Préchauffer le four à 160 °C (325 °F). 02 Sur un grand morceau de papier d'aluminium, déposer la moitié des oignons, des échalotes et de l'ail. Frotter généreusement le morceau de bœuf de sel, poivre et cumin, puis placer sur le lit d'oignon et d'ail. 03 Mélanger le vin rouge et le consommé et arroser la viande. Ajouter le thym et recouvrir la viande avec le reste de l'oignon et de l'ail. Refermer le papier d'aluminium hermétiquement en laissant un peu d'espace dans le haut pour que la chaleur puisse circuler. 04 Cuire au four de 3 à 4 heures, ou jusqu'à ce que la viande se détache à la fourchette. Servir avec une purée de pommes de terre et du chou braisé à la poêle.

PETIT FUTÉ NUTRITION
La technique de la papillote permet de cuire des viandes et des légumes très lentement, sans ajout de matières grasses, ce qui concentre les saveurs.

PARESSEUX ORGANISÉ
Avec l'os du paleron et les restes de bœuf et de sauce, on peut faire une délicieuse soupe-repas aux légumes ou même une sauce à spaghetti.

Jambon à l'érable

12 à 14 portions

Coût moyen par portion : 2,20 $

1 jambon fumé dans la fesse, avec l'os
250 ml (1 tasse) d'eau
250 ml (1 tasse) sirop d'érable
60 ml (4 c. à soupe) moutarde de Dijon
2,5 ml (½ c. à thé) clou de girofle en poudre
Choux de Bruxelles en accompagnement (quantité selon le nombre de convives)

01 Préchauffer le four à 160 °C (325 °F). 02 Couper le pied des choux de Bruxelles et retirer les premières feuilles. Déposer dans un bol rempli d'eau froide salée et vinaigrée. Rincer et réserver. 03 Entre-temps, dans un petit bol, mélanger au fouet tous les autres ingrédients, sauf le jambon. Déposer la fesse de jambon dans une lèchefrite et badigeonner du mélange de sirop d'érable. Cuire 90 minutes, en arrosant la viande souvent. 04 20 minutes avant la fin de la cuisson, blanchir les choux de Bruxelles 2 minutes dans l'eau bouillante salée. Égoutter et déposer dans la lèchefrite où cuit le jambon, en les arrosant copieusement avec la sauce. Braiser une dizaine de minutes, en brassant 1 fois, jusqu'à ce qu'ils soient cuits, mais encore légèrement *al dente*. Réserver au chaud. 05 Retirer le jambon de la lèchefrite et laisser reposer 10 minutes avant de servir. Servir le jambon avec ses jus de cuisson et les choux de Bruxelles, accompagné d'une purée de patates douces.

Lèchefrite

Tasse à mesurer

Cuillères mesurer

Couteau

Planche à découper

PETIT FUTÉ NUTRITION
Les choux de Bruxelles ont la réputation d'être amers à cause de leurs composés soufrés, qui aident à lutter contre le développement des cellules cancéreuses. Pour éviter cela, les garder légèrement croquants.

PARESSEUX ORGANISÉ
Acheter une fesse de jambon avec os est un investissement, car on peut faire une soupe avec l'os et plusieurs plats avec les restes (pâtes, salade, sandwich, quiche). Le jambon se congèle bien et est parfait pour recevoir parce qu'il est facile à faire et ne revient pas cher par portion.

NORMAND LAPRISE

Un chef comme coloc !

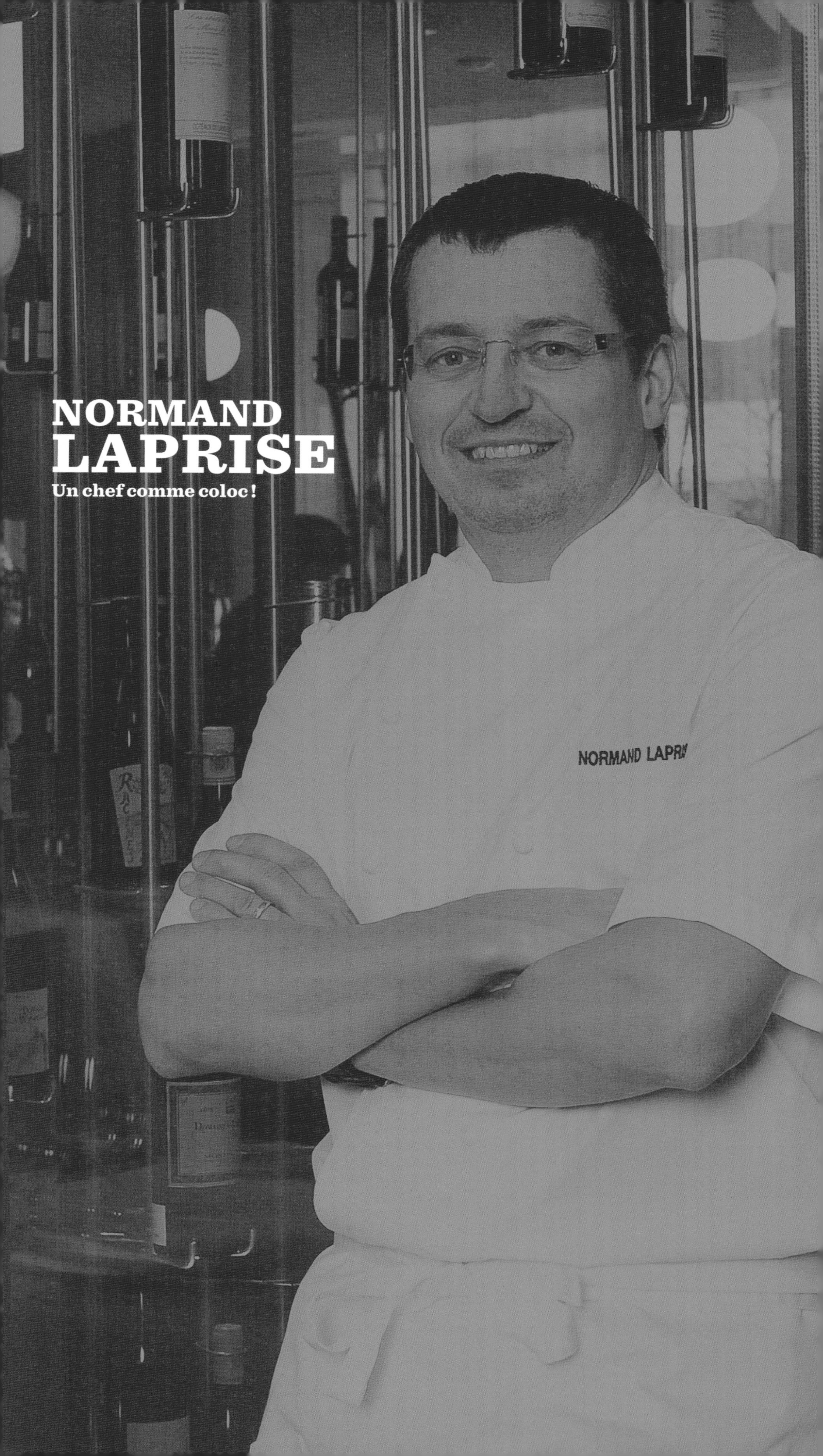

Pays d'origine
Québec, région du Kamouraska

Années d'expérience en cuisine
Plus de 30 ans

Nombre de restaurants
3

Nom des restaurants
Toqué !, Brasserie T et Cocagne

Recette dont tu es le plus fier
Les purées de légumes pour mes filles

Ton plat favori
Cochon sur la broche à la façon Letchon

Ton livre de cuisine favori
Album *Au Pied de cochon*

Si tu vivais à faibles revenus et que tu ne pouvais manger qu'une seule chose, que choisirais-tu ?
Des légumes

Quelle conserve est essentielle dans une armoire ?
Des conserves maison, de tomate

Une recette très rapide et savoureuse
Brouillette d'œufs et pain grillé

Une recette de gang
Grosse pizza avec les restes du frigo

Les ingrédients de base à avoir toujours sous la main
Sel et poivre

Une épicerie pour 40 $/semaine devrait comprendre quoi ?
Poulet bio, légumes, lait de soya, œufs, pain de campagne, fromage

Trucs et conseils minute pour apprenti-cuisinier
Garder toujours les couteaux bien aiguisés, sinon, c'est décourageant

L'instrument essentiel à avoir sous la main dans la cuisine
Un couteau bien aiguisé

Filet de porc
mariné aux agrumes

6 portions

Coût moyen par portion : 1,70 $

1 filet de porc de 600 g (1,5 lb)
2 gousses d'ail hachées finement
Le jus de 2 oranges
Le zeste de 1 lime
15 ml (1 c. à soupe) huile de sésame rôti
30 ml (2 c. à soupe) huile végétale
15 ml (1 c. à soupe) cassonade
45 ml (3 c. à soupe) marmelade d'orange
15 ml (1 c. à soupe) sauce soya à teneur réduite en sel
30 ml (2 c. à soupe) gingembre haché
5 ml (1 c. à soupe) sauce piquante

01 Mélanger tous les ingrédients, sauf l'huile végétale et le porc. Mettre dans un sac de type Ziploc assez grand pour recevoir la pièce de viande. Ajouter le porc et bien mélanger pour l'enrober parfaitement de marinade. Fermer hermétiquement et laisser reposer au réfrigérateur de 1 à 5 heures. Retirer le porc de la marinade et réserver celle-ci. 02 Préchauffer le four à 190 °C (375 °F). 03 Dans un faitout, saisir le porc à feu vif dans l'huile végétale de tous les côtés, pour bien le colorer. Ajouter la marinade, couvrir et terminer la cuisson au four de 30 à 45 minutes, en retournant le porc une fois en cours de cuisson. 04 Retirer le porc de la lèchefrite et réserver au chaud. Mettre la lèchefrite sur le feu, déglacer avec un peu d'eau ou de vin blanc et réduire la sauce quelques minutes. Passer au tamis et rectifier l'assaisonnement. Trancher le filet de porc en médaillons, arroser de sauce et servir avec du riz et un légume vert.

Faitout

Cuillères à mesurer

Râpe

Couteau

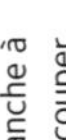

Planche à découper

PETIT FUTÉ NUTRITION

On a découvert que le gingembre facilitait la digestion, aidait à prévenir les nausées et que l'antioxydant principal qu'il contient, le gingérol, contribuait à réduire la douleur liée à l'inflammation.

PARESSEUX ORGANISÉ

On peut cuire 2 filets de porc et en congeler ensuite un en portions individuelles. Coupé en tranches fines, il est délicieux dans une soupe asiatique, en salade ou dans un sauté de légumes.

Lèchefrite

Cuillères à mesurer

Couteau

Planche à découper

Saucisses italiennes

aux poivrons

6 portions

Coût moyen par portion : 2,00 $

12 petites saucisses italiennes (ou 6 grosses)
1 poivron rouge en languettes
2 poivrons verts en languettes
1 poivron orange en languettes
2 oignons espagnols en quartiers
45 ml (3 c. à soupe) huile d'olive
8 gousses d'ail écrasées et entières
5 branches de thym
45 ml (3 c. à soupe) pesto du commerce
1 pot de 540 ml (19 oz) de sauce tomate du commerce
Sel et poivre, au goût
1 pot d'olives noires égouttées et dénoyautées

01 Préchauffer le four à 180 °C (350 °F). 02 Couper les saucisses en morceaux de 5 cm (2 po). Dans une lèchefrite, faire sauter les morceaux de saucisse et les oignons dans l'huile d'olive à feu moyen-vif de 7 à 10 minutes. Ajouter les poivrons et l'ail et poursuivre la cuisson 5 minutes. Ajouter le pesto et bien mélanger. Ajouter la sauce tomate et les branches de thym. 03 Couvrir et cuire au four de 30 à 45 minutes, en remuant une fois en cours de cuisson. Ajouter les olives noires dans les 10 dernières minutes de cuisson. Servir avec un bon pain croûté.

LE CLUB DES AUDACIEUX

Pour une couche de saveur supplémentaire, déglacer avec 125 ml (½ tasse) de vin rouge sec et ajouter des tomates séchées hachées.

TROQUER C'EST DE SANTÉ

Pour une version végétarienne, remplacer les saucisses italiennes par des saucisses à base de protéines de soya. Réduire le rissolage des saucisses à 5 minutes et la cuisson à 30 minutes.

Ragoût du campeur

6 portions

Coût moyen par portion : 1,90 $

454 g (1 lb) de bœuf haché (ou mélange de viandes hachées)
15 ml (1 c. à soupe) huile végétale
1 oignon haché
3 gousses d'ail
2 carottes en rondelles
2 branches de céleri hachées
5 ml (1 c. à thé) graines de fenouil
15 ml (1 c. à soupe) persil haché
½ chou de Savoie (6 tasses) haché
250 ml (1 tasse) bouillon de bœuf
250 ml (1 tasse) jus de légumes
Sel et poivre, au goût

01 Dans une poêle, faire sauter la viande hachée dans l'huile chaude 5 minutes à feu vif. Saler et poivrer. Ajouter l'oignon, l'ail, la carotte et le céleri et cuire une dizaine de minutes. Ajouter les fines herbes, le chou, le bouillon et le jus de légumes et bien mélanger. 02 Couvrir et cuire à feu moyen-doux une dizaine de minutes, juste assez pour que le chou soit tombé. Rectifier l'assaisonnement et servir avec du riz brun.

Poêle

Tasse à mesurer

Cuillères à mesurer

Couteau économe

Couteau

Planche à découper

ASTUCE NUTRITION
Il existe 400 variétés de chou : chinois, rouge, pommé, cavalier, bok choy frisé, nappa, etc. Tous sont délicieux, économiques et membres du club sélect des crucifères, ces sérieux alliés contre le cancer...

PARESSEUX ORGANISÉ
Ce plat se prépare rapidement avec les légumes qui restent du frigo (haricots, rutabaga, etc.), mais le chou de Savoie apporte vraiment une saveur distinctive.

Poissons et fruits de mer

7

Cake à la truite et aux légumes

6 à 8 portions

Coût moyen par portion : 1,80 $

3 œufs
125 ml (½ tasse) lait
80 ml (⅓ tasse) huile végétale
250 ml (1 tasse) farine blanche tout usage tamisée
5 ml (1 c.) thé poudre à pâte
125 ml (½ tasse) carotte en dés
250 ml (1 tasse) bouquets de brocoli
200 g (7 oz) filet de truite en dés
125 ml (½ tasse) fromage Monterey Jack râpé
Sel et poivre, au goût

01 Chauffer le four à 350 °F (180 °C). 02 Blanchir les dés de carotte 3 minutes dans de l'eau bouillante salée ou à la vapeur. Blanchir les bouquets de brocoli 1 minute dans de l'eau bouillante salée. On peut aussi les cuire rapidement au four à micro-ondes. 03 Dans un bol, tamiser les ingrédients secs. Dans un autre bol, mélanger le lait, les œufs et l'huile végétale. Sans cesser de mélanger, incorporer les ingrédients secs au mélange d'œufs. À la spatule, incorporer les dés de truite, les légumes et le fromage râpé. 04 Verser dans un moule à pain beurré et fariné. Cuire au centre du four 40 à 45 minutes, ou jusqu'à ce qu'un cure-dent inséré au centre ressorte sec. Retirer du four, laisser tiédir et démouler.

Chef : Diane Tremblay, *Le Privilège, Saguenay*

PETIT FUTÉ NUTRITION
Comme le saumon, le thon, la sardine et le maquereau, la truite est riche en acides gras oméga-3, qui protègent nos artères, aident à réduire l'inflammation et à lutter contre les coups de déprime. On devrait en consommer 3 fois par semaine.

PARESSEUX ORGANISÉ
Ce plat se congèle facilement en portions individuelles. On peut aussi ajouter des épices et des fines herbes, au goût.

Moule à pain
Cuillère de bois
Bol
Fouet
Tamis
Râpe
Tasse à mesurer
Cuillères à mesurer
Couteau

Planche à découper

Aiglefin au citron et sa vinaigrette vierge

2 à 3 portions

Coût moyen par portion : 2,20 $

454 g (1 lb) aiglefin
100 ml (7 c. à soupe) huile d'olive
+ huile d'olive pour cuire le poisson
1 tomate en petits dés
½ oignon haché finement
2 citrons
30 ml (2 c. à soupe) câpres hachés
15 ml (1 c. à soupe) aneth frais, haché
Sel et poivre, au goût
Sauce Tabasco, au goût
4 tasses épinards lavés et essorés
8 petites carottes

01 Préparer la vinaigrette. Dans une grande poêle, faire fondre à feu doux dans l'huile d'olive l'oignon et la tomate jusqu'à ce que l'oignon soit transparent. Ajouter les câpres, la sauce Tabasco, le jus de citron et réchauffer. Saler et poivrer au goût, ajouter l'aneth frais et réserver.
02 Bien assécher l'aiglefin avec des essuie-tout. Dans une poêle préchauffée, saisir le poisson des deux côtés dans l'huile d'olive chaude. Cuire 5 minutes, en retournant le poisson à mi-cuisson avec une spatule. Ne pas trop cuire. Déglacer avec le jus du citron restant. Saler et poivrer.
03 Entre-temps, cuire les carottes à la vapeur et faire tomber les épinards, avec un peu d'eau et un morceau de beurre. Dresser le poisson sur des assiettes chaudes, garnir de légumes. Arroser le poisson de sauce vierge tiède infusée à l'aneth et servir.

Chef : Stéphanie Lavergne,
chef-traiteur restaurant Le Saint-Amour, Québec

Poêle

Spatule

Cuillères à mesurer

Couteau

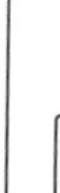

Planche à découper

PETIT FUTÉ NUTRITION
La cuisson des légumes à la vapeur plutôt qu'à l'eau bouillante permet de préserver au maximum leur contenu en vitamines et en minéraux. À privilégier le plus souvent possible.

LE CLUB DES AUDACIEUX
La sauce vierge est une recette française qui rehausse le goût des coquillages et poissons blancs. On y ajoute habituellement une herbe fraîche qui y infuse quelques minutes. Varier cette herbe, au goût (persil, basilic, estragon, coriandre, etc.).

Plaques à cuisson
Papier d'aluminium
Cuillères à mesurer
Tamis
Bol
Couteau
Planche à découper

Filets de tilapia aux champignons en papillotes

4 portions

Coût moyen par portion : 2,60 $

4 filets de tilapia asséchés avec un essuie-tout
2 beaux champignons homards (fruiteries spécialisées) (ou 1 casseau de champignons de Paris)
¼ oignon rouge finement émincé
¼ bulbe de fenouil finement émincé
2 pincées piment d'Espelette (facultatif)
30 ml (2 c. à soupe) beurre
30 ml (2 c. à soupe) huile d'olive
2 tomates bien juteuses
4 feuilles de papier d'aluminium pour les papillotes
4 bouquets de tomates-cerises en grappe
Sel et poivre du moulin

01 Pour la papillote : dans une feuille de papier d'aluminium, déposer en plein centre la moitié d'un filet de tilapia préalablement salé et poivré. 02 Couper les champignons homard (ou de Paris) en morceaux. Dans une poêle, les faire revenir dans le beurre et l'huile d'olive à feu vif, en brassant occasionnellement, jusqu'à coloration. Au besoin, enlever l'eau de végétation qui se forme dans la poêle. Ceci permettra la caramélisation des champignons. 03 Incorporer l'oignon et le fenouil ciselés, saler et poivrer et parsemer de piment d'Espelette. Retirer du feu avant la cuisson complète. Déposer 2 c. à soupe (30 ml) de cette préparation sur chaque demi-filet de tilapia et recouvrir avec la deuxième moitié. Réserver. 04 Préchauffer le four à 375 °F (190 °C). 05 Confectionner une eau de tomate en écrasant les tomates dans un tamis fin (ou un coton fromagé) au-dessus d'un bol afin d'en extraire l'eau de végétation. Répartir cette eau dans les 4 papillotes. 06 Plier les papillotes comme des enveloppes. Sur une plaque de cuisson, les cuire 15 minutes.

Chef : Jérôme Ferrer, *restaurant Europea, Montréal*

PETIT FUTÉ NUTRITION
La cuisson à la papillote protège la texture délicate du poisson et tous ses éléments nutritifs, en plus d'emprisonner les saveurs pour mieux les concentrer.

LE CLUB DES AUDACIEUX
Le tilapia est un poisson d'élevage qui est considéré comme un choix adéquat au plan écologique, car il se nourrit d'algues, de petits invertébrés et de grains plutôt que de farines de poisson.

Saumon grillé
Sauce gingembre-érable

4 portions + des restes pour les rillettes

Coût moyen par portion : 2,40 $

1 filet de saumon de 1 kg environ (2,2 lb)
90 ml (6 c. à soupe) sirop d'érable
45 ml (3 c. à soupe) gingembre haché
15 ml (1 c. à soupe) moutarde de Dijon
15 ml (1 c. à soupe) mayonnaise
15 ml (1 c. à soupe) sauce soya à teneur réduite en sel
Le jus de 1 lime

01 Dans un petit bol, mélanger tous les ingrédients de la marinade. En enduire le saumon d'un côté et déposer sur une plaque de cuisson. Laisser reposer au réfrigérateur 1 heure avant de cuire. Sortir le saumon du frigo 15 minutes avant la cuisson. 02 Préchauffer le four à 220 °C (425 °F) ou le barbecue à puissance élevée. 03 Le déposer au four (ou sur la grille huilée du barbecue)* et cuire 10 à 12 minutes environ, selon l'épaisseur, ou jusqu'à ce que le centre soit cuit, mais encore légèrement rosé. Sortir du four et laisser reposer 5 minutes avant de servir avec du riz et des légumes.

*** Pour le saumon cuit au barbecue, laisser la peau du saumon, sinon il collera à la grille. La retirer lors de la découpe, avant le service.**

Bol
Plaque de cuisson
Cuillères à mesurer
Râpe
Couteau
Planche à découper

PETIT FUTÉ NUTRITION
Le sirop d'érable est un produit qui contient du fer, du calcium et des antioxydants. Il se prête autant à la cuisine salée que sucrée. Voilà de quoi en être fier !

PARESSEUX ORGANISÉ
Ce plat élégant et spectaculaire est pourtant un des plus faciles à réussir. Il suffit de respecter le temps de cuisson et de ne pas trop le cuire.

Bol

Cuillères à mesurer

Couteau

Planche à découper

Rillettes de saumon

4 portions

Coût moyen par portion : 2,00 $

300 g (10 oz) saumon cuit
1 branche de céleri hachée finement
2 échalotes sèches finement ciselées
45 ml (3 c. à soupe) câpres hachés
Le jus et le zeste de 1 citron
45 ml (3 c. à soupe) mayonnaise
5 ml (1 c. à thé) huile sésame
Sauce au piment, au goût
Sel et poivre, au goût

01 Dans un bol, mélanger délicatement tous les ingrédients. Étaler sur des rôties de pain de seigle.

LE CLUB DES AUDACIEUX
Pour des rillettes encore plus spectaculaires, mélanger moitié saumon frais et moitié saumon fumé.

TROQUER C'EST DE SANTÉ
On peut utiliser cette recette avec du crabe, des crevettes, des sardines, du maquereau en conserve ou un reste de poisson blanc cuit. Omettre l'huile de sésame.

JÉRÔME
FERRER
Un chef comme coloc !

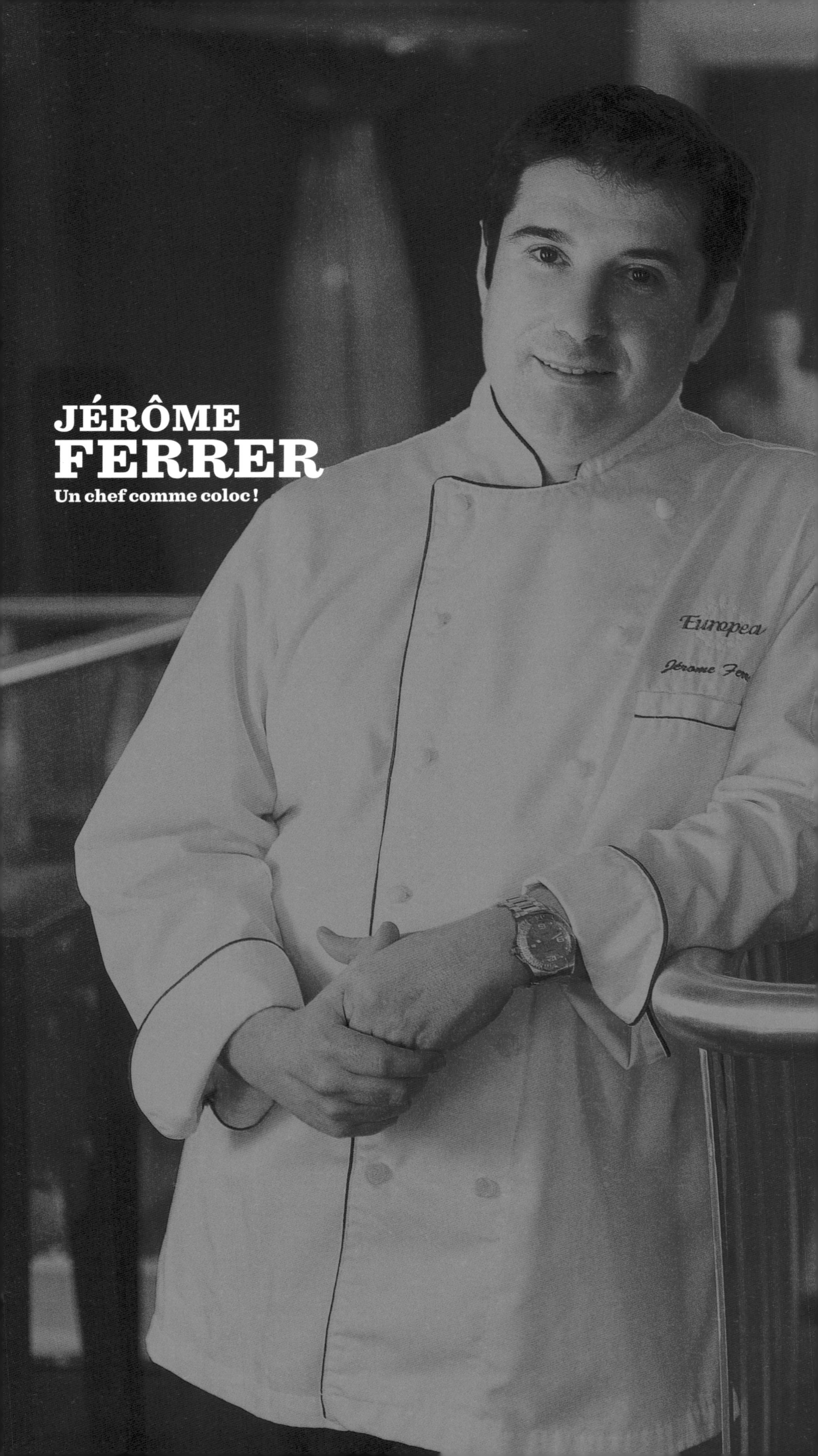

Europea
Jérome Ferr

Pays d'origine
France

Années d'expérience en cuisine
Plus de 20 ans

Nombre de restaurants
12

Nom des restaurants
Europea, Andiamo, Beaver Hall, Boutique Europea, Birks Café, 7 restaurants Per Paolo, au Brésil

Recette dont tu es le plus fier
Celle que je ferai demain

Ton plat favori
Les plats mijotés de maman

Ton livre de cuisine favori
Le Larousse gastronomique

Si tu vivais à faibles revenus et que tu ne pouvais manger qu'une seule chose, que choisirais-tu ?
Du pain

Quelle conserve est essentielle dans une armoire ?
Pâte de tomate

Une recette très rapide et savoureuse
Une bonne omelette

Une recette de gang
De la fondue

Les ingrédients de base à avoir toujours sous la main
Sel, poivre et huile d'olive

Une épicerie pour 40 $/semaine devrait comprendre quoi ?
Poisson, volaille, céréales, lait, fromage et yogourt, légumineuses, fruits et légumes de saison, pain

Trucs et conseils minute pour apprenti-cuisinier
La cuisine est une règle de 3, un produit de qualité, une bonne cuisson et le bon assaisonnement

L'instrument essentiel à avoir sous la main dans la cuisine
Un couteau bien aiguisé

Bol

Cuillères à mesurer

Couteau

Planche à découper

Avocat farci aux crevettes nordiques

2 portions (plat principal) ou 4 (en entrée)

Coût moyen par portion : 1,10 $ (en entrée) ou 1,90 $ (plat principal)

2 avocats mûrs
½ pamplemousse rose finement haché
220 g (8 oz) crevettes nordiques égouttées
4 ciboules (échalotes vertes) finement hachées
45 ml (3 c. à soupe) mayonnaise
60 ml (4 c. à soupe) blanc de fenouil finement haché
45 ml (3 c. à soupe) feuilles de coriandre hachées
Quelques feuilles de fenouil haché
Sel et poivre, au goût

01 Couper les avocats en deux. À l'aide d'un couteau de cuisine, donner un coup sec sur le noyau et y plonger la lame. Tourner délicatement pour retirer le noyau. Arroser les moitiés d'avocat de jus de lime, saler et poivrer. Si nécessaire, couper une très fine tranche à la base de chaque moitié pour lui permettre de bien se tenir sur l'assiette. Réserver. 02 Dans un bol, mélanger le reste des ingrédients délicatement. Farcir les avocats de cette préparation. Servir bien frais.

PETIT FUTÉ NUTRITION
Les crevettes nordiques (de Matane) sont pêchées dans le Golfe du Saint-Laurent. Elles sont riches en protéines, en acides gras Oméga-3, en vitamines du complexe B et en sélénium. Les avocats, de leur côté, débordent de vitamine A et de bons gras.

LE CLUB DES AUDACIEUX
Une fois coupés, les avocats s'oxydent (noircissent) facilement. Pour les protéger, les arroser de jus de citron ou de lime, comme les pommes et les bananes.

Moules top fancy aux 4 oignons

2 portions (repas)

Coût moyen par portion : 2,25 $

1 sac de moules de l'île du-Prince-Édouard bien nettoyées
1 oignon haché finement
1 blanc de poireau haché
1 échalote sèche hachée finement
2 ciboules (hachées finement)
2 gousses d'ail hachées
1 poivron rouge haché finement
125 ml (½ tasse) vin blanc
125 ml (½ tasse) crème 35 %
30 ml (2 c. à soupe) huile d'olive
15 ml (1 c. à soupe) beurre
Sel et poivre, au goût

01 Dans un faitout, suer les légumes dans le mélange de beurre et d'huile jusqu'à transparence. Augmenter le feu et ajouter les moules, puis le vin blanc et la crème. Couvrir et cuire 5 à 6 minutes, en secouant la casserole de temps en temps, jusqu'à ce que les moules s'ouvrent. Ne pas trop cuire. 02 Retirer celles qui ne sont pas ouvertes. Répartir les moules dans deux assiettes et arroser de sauce. Servir avec un bon pain croûté.

Faitout
Bol
Tasse à mesurer
Cuillères à mesurer
Couteau
Planche à découper

PETIT FUTÉ NUTRITION
Économique, écologique, la moule est une mine d'or pour la santé : elle est riche en acides gras oméga-3, en protéines, en fer, en zinc, en sélénium, en vitamines du complexe B. Ces éléments nutritifs favorisent le maintien d'un système immunitaire solide, aident à la formation de globules rouges et au maintien en santé des os et des dents. Qui dit mieux ?

TROQUER C'EST DE SANTÉ
Les moules aiment tous les légumes, le cari et les fines herbes. On peut donc s'amuser facilement à faire des variations sur ce thème…

Plaque de cuisson
Bol
Cuillère à mesure
Couteau
Planche à découper

Brochettes de crevettes au pesto

4 portions

Coût moyen par portion: 2,00$

24 crevettes moyennes
4 brochettes de bois trempées dans l'eau 30 minutes
1 gousse d'ail hachée
15 ml (1 c. à soupe) huile d'olive
10 ml (2 c. à thé) pesto du commerce
Le jus et le zeste de ½ citron
Sel et poivre, au goût

01 Préchauffer le four à « Broil ». 02 Dans un bol, mélanger tous les ingrédients de la marinade. Enfiler 6 crevettes par brochette. Badigeonner chaque brochette de marinade de chaque côté. Laisser reposer 15 minutes avant de passer sous le gril « Broil » 3 à 5 minutes par côté. 03 Servir sur un lit de riz sauté aux légumes.

PARESSEUX ORGANISÉ
On peut préparer cette recette en grillant les crevettes marinées dans une poêle très chaude. Retirer les crevettes dès qu'elles sont rosées.

LE CLUB DES AUDACIEUX
On peut faire son pesto soi-même avec un mélangeur électrique en liquéfiant feuilles de basilic, ail, jus de citron, huile d'olive, sel et poivre. On ajoute, si désiré, parmesan râpé et noix de pin. Se congèle très bien.

Assiette à tarte
Fouet
Bol
Tasse à mesurer
Cuillères à mesurer
Couteau
Planche à découper

Quiche au crabe

4 portions

Coût moyen par portion : 1,50 $

3 œufs
125 ml (½ tasse) lait entier
1 bulbe de fenouil émincé
1 blanc de poireau émincé
2 c. à soupe (30 ml) beurre
180 g (6 oz) chair de crabe
Sel et poivre, au goût
30 ml (2 c. à soupe) ciboulette hachée
15 ml (1 c. à soupe) feuilles de fenouil hachées
1 abaisse de pâte à tarte feuilletée ou brisée, au choix

01 Préchauffer le four à 180 °C (350 °F). 02 Dans une poêle, suer le poireau et le fenouil dans le beurre. Cuire 5 minutes à feu moyen. Réserver. 03 Dans un bol, battre les œufs, le lait et les assaisonnements. Verser le mélange dans l'abaisse choisie. Répartir ensuite le crabe et cuire 30 à 45 minutes. La quiche est prête lorsque le mélange est bien pris. 04 Servir avec une salade verte et des crudités.

Chef : Sabrina Lemay, *Le Saint-Amour, Québec*

PETIT FUTÉ NUTRITION
La pâte à tarte brisée est faite à base de shortening d'huile végétale, riche en gras trans, qui endommagent les artères. Mieux vaut lui préférer une pâte au beurre, ou mieux, à l'huile d'olive. On peut aussi faire une « croûte » avec des miettes de pain et un peu de beurre.

PARESSEUX ORGANISÉ
Cette quiche est un autre plat spectaculaire qui se prépare facilement et d'avance. Elle se mange froide ou chaude.

Spaghetti vongole (aux palourdes)

4 portions

Coût moyen par portion : 1,80 $

1 paquet de spaghetti
1 petite barquette de tomates-cerises
4 gousses d'ail hachées finement
500 ml (2 tasses) palourdes fraîches
(Ou 250 ml (1 tasse) palourdes en conserve, égouttées)
250 ml (1 tasse) vin blanc
30 ml (2 c. à soupe) persil haché
Quelques feuilles de basilic frais
45 ml (3 c. à soupe) huile d'olive
Sel et poivre, au goût

01 Dans une grande casserole d'eau bouillante salée, plonger le spaghetti. Cuire de 6 à 8 minutes, égoutter et réserver. 02 Dans un faitout, verser l'huile d'olive et faire revenir les tomates-cerises, puis les retirer une fois cuites. Réserver. Déposer dans le faitout les palourdes fraîches avec l'ail et le persil, remuer et verser le vin blanc. Laisser cuire à couvercle fermé jusqu'à ce que les coquillages s'ouvrent. (Si on utilise des palourdes en conserve, amener le vin et les aromates à ébullition et simplement réchauffer les palourdes une ou deux minutes, à découvert). Incorporer les tomates et assaisonner. Mélanger la préparation avec le spaghetti, ajouter les feuilles de basilic frais et servir dans des assiettes chaudes.

Chef : Jérôme Ferrer, *restaurant Europea, Montréal*

Faitout
Casserole
Bol
Cuillères à mesurer
Couteau
Planche à découper

PETIT FUTÉ NUTRITION
Contrairement à ce que l'on croit, le spaghetti ne fait pas prendre de poids : 1 tasse équivaut à 2 tranches de pain. C'est la sauce que l'on met dessus qui fait la différence.

TROQUER C'EST DE SANTÉ
Si vous utilisez des palourdes fraîches (disponibles en poissonnerie), choisir les petites, plus tendres. On peut aussi remplacer la moitié du vin blanc par de la crème. Exquis !

Dent sucrée

Moule
Cuillère de bois
Casserole
Tasse à mesurer
Cuillères à mesurer
Couteau
Planche à découper

Sucre à la crème
et fudge trop faciles

10 portions

Coût moyen par portion : 1,00 $ (1,30 $ pour le fudge au chocolat)

375 ml (1 ½ tasse) cassonade légèrement tassée
375 ml (1 ½ tasse) sucre blanc
375 ml (1 ½ tasse) crème 35 %
5 ml (1 c. à thé) essence de vanille pure
30 ml (2 c. à soupe) beurre salé
250 ml (1 tasse) noix de Grenoble hachées (facultatif)

01 Dans une casserole à fond épais, amener tous les ingrédients, sauf le beurre et les noix, à ébullition à feu moyen. Laisser bouillir une dizaine de minutes, en remuant régulièrement, jusqu'à ce qu'une goutte de sucre à la crème jetée dans l'eau forme une boule molle. 02 Retirer du feu, mettre la casserole dans le lavabo rempli d'eau froide. Ajouter le beurre et brasser constamment avec une cuillère de bois pour bien lustrer le mélange. Ne pas trop brasser, sinon le sucre à la crème durcira trop vite et fera des cristaux. Verser dans un moule carré légèrement huilé. Laisser refroidir à la température de la pièce. Découper en carrés et déguster.

Variante Fudge au chocolat
À la recette précédente, ajouter 1 tasse de chocolat noir mi-sucré et haché en même temps que le beurre et bien brasser pour fondre le chocolat.

PETIT FUTÉ NUTRITION
Pour une santé optimale, l'Organisation mondiale de la santé (OMS) recommande de ne pas consommer plus de 10 % de ses calories quotidiennes sous forme de sucre, soit environ 200 calories. Le sucre donne un bref coup d'énergie, qui ne dure pas longtemps, rapidement suivi par une baisse d'énergie.

PARESSEUX ORGANISÉ
Les noix ajoutent un aspect nutritionnel intéressant et un croquant fort agréable, qui aide à contrebalancer le goût ultra sucré de cette gâterie.

CROUSTADE AUX POMMES

6 à 8 portions

Coût moyen par portion : 1,00 $

6 pommes Cortland, Gala ou Délicieuses
45 ml (3 c. à soupe) sucre
15 ml (1 c. à soupe) jus de citron
180 ml (⅔ tasse) farine de blé entier
180 ml (⅔ tasse) flocons d'avoine
180 ml (⅔ tasse) cassonade
180 ml (⅔ tasse) beurre froid
5 ml (1 c. à thé) cannelle
2,5 ml (½ c. à thé) muscade
1 pincée clou de girofle moulu
1 bonne pincée sel

01 Préchauffer le four à 190 °C (375 °F). 02 Peler, évider et couper les pommes en quartiers. Les mettre dans un bol et les arroser de jus de citron. Saupoudrer ensuite de sucre. Étaler les pommes dans un moule carré beurré allant au four et réserver. 03 Préparer la garniture croustillante. Dans un bol, mélanger les ingrédients secs. Ajouter le beurre et mélanger à la main jusqu'à l'obtention d'une pâte très grumeleuse. 04 Verser ce mélange sur les pommes en tassant légèrement et cuire au four de 35 à 40 minutes, ou jusqu'à ce que la croûte soit dorée. Retirer du four et laisser refroidir dans le moule avant de servir.

Moule

Bol

Tasse à mesurer

Cuillères à mesurer

Couteau

Planche à découper

PETIT FUTÉ NUTRITION

Pour encore plus de croustillant et de valeur nutritive, ajouter des pacanes hachées finement à la garniture. Les céréales de grains entiers et les pommes débordent de fibres et de nutriments. On ne croirait jamais que ce délicieux dessert est si bon pour la santé !

LE CLUB DES AUDACIEUX

Les pommes Cortland, Spartan, Gala, Empire et Délicieuses sont parfaites pour cette recette, car elles cuiront en gardant leur forme. Éviter les McIntosh, qui se réduiraient en purée à la cuisson.

Moule à gâteau carré

Cuillère de bois

Bol

Cuillères à mesurer

Tasse à mesurer

GÂTEAU AUX COURGETTES

8 à 10 portions

Coût moyen par portion : 1,10 $

500 ml (2 tasses) courgettes râpées
375 ml (1 ½ tasse) farine tout usage
125 ml (½ tasse) farine de blé entier
10 ml (2 c. à thé) poudre à pâte
5 ml (1 c. à thé) bicarbonate de soude
5 ml (1 c. à thé) cannelle en poudre
5 ml (1 c. à thé) piment de la Jamaïque moulu
2,5 ml (½ c. à thé) gingembre moulu
2,5 ml (½ c. à thé) sel
250 ml (1 tasse) sucre
90 ml (⅓ tasse) beurre fondu
2 œufs
60 ml (4 c. à soupe) yogourt nature

01 Préchauffer le four à 180 °C (350 °F). Beurrer et fariner un moule à pain. 02 Laisser égoutter la courgette râpée dans une passoire une trentaine de minutes en la pressant pour enlever l'excédant d'eau de végétation. 03 Dans un grand bol, mélanger la farine tout usage, la farine de blé entier, la poudre à pâte, le bicarbonate de soude, la cannelle, le piment de la Jamaïque, le gingembre et le sel. 04 Dans un autre bol, déposer la courge bien égouttée, le sucre, le beurre fondu, le yogourt et les œufs et mélanger. Verser les ingrédients liquides sur les ingrédients secs, mélanger juste assez pour humecter le mélange sec et verser dans le moule. 05 Cuire environ 50 minutes, ou jusqu'à ce qu'un cure-dent inséré au milieu du gâteau en ressorte propre.

LE CLUB DES AUDACIEUX
La courgette contribue à donner une texture humide et tendre à ce délicieux gâteau facile à faire.

TROQUER C'EST DE SANTÉ
On pourrait faire le même gâteau avec des carottes ou des betteraves râpées et y ajouter des noix hachées ou de la noix de coco râpée.

Moule à gâteau rond

Cuillère de bois

Batteur électrique ou fouet

Bol

Cuillères à mesurer

Tasse à mesurer

gâteau au chocolat infaillible

8 à 10 portions

Coût moyen par portion: 1,40$

375 ml (1 ½ tasse) farine tout usage non blanchie
180 ml (¾ tasse) sucre
80 ml (⅓ tasse) poudre de cacao
7,5 ml (1,5 c. à thé) poudre à pâte
5 ml (1 c. à thé) bicarbonate de soude
180 ml (¾ tasse) huile canola ou tournesol
250 ml (1 tasse) brisures chocolat noir
2 œufs
180 ml (¾ tasse) café refroidi ou eau

01 À l'aide d'un fouet ou d'un batteur électrique, battre dans un bol les œufs avec le sucre jusqu'à ce qu'ils forment un ruban. Ajouter le café ou l'eau en fouettant et terminer avec l'huile de canola. 02 Dans un autre bol, tamiser les ingrédients secs. Ajouter en 3 fois au mélange d'huile et d'œufs en pliant et en battant bien à la cuillère de bois entre chaque addition. Quand le mélange de pâte est homogène, ajouter les pépites de chocolat. 03 Verser la pâte dans un moule rond de 23 cm (9 po) de diamètre et cuire de 40 à 45 minutes, ou jusqu'à ce qu'un cure-dent inséré au centre ressorte propre.

PETIT FUTÉ NUTRITION
Le chocolat contient une substance chimique, la dopamine, qui expliquerait pourquoi on se sent si bien lorsqu'on en consomme. Il contient aussi des antioxydants et de la caféine, un excitant.

LE CLUB DES AUDACIEUX
Pour un glaçage rapide des jours de fête, mélanger 250 ml (1 tasse) de poudre de cacao, 125 ml (½ tasse) de beurre fondu, 500 ml (2 tasses) de sucre en poudre et 60 ml (4 c. à soupe) de lait ou de crème.

Cuillère à soupe
Plaques à biscuits
Cuillère de bois
Batteur électrique
Bol
Cuillères à mesurer
Tasse à mesure

Biscuits canneberges-pacanes-chocolat

12 portions (2 biscuits)

Coût moyen par portion: 0,80$

250 ml (1 tasse) beurre non salé ramolli
180 ml (¾ tasse) sucre
180 ml (¾ tasse) cassonade
5 ml (1 c. à thé) cannelle moulue
2 œufs
560 ml (2 ¼ tasses) farine tout usage non blanchie
5 ml (1 c. à thé) bicarbonate de soude
2,5 ml (½ c. à thé) sel
375 ml (1 ½ tasse) pastilles chocolat noir
125 ml (½ tasse) pacanes hachées
180 ml (¾ tasse) canneberges séchées

01 Préchauffer le four à 180 °C (350 °F). 02 Au batteur électrique, bien fouetter le beurre, le sucre, la cannelle et le gingembre pendant environ 1 minute. Ajouter les œufs un par un et fouetter une minute de plus. 03 Ajouter tous les ingrédients secs et, avec une cuillère de bois, mélanger juste ce qu'il faut pour avoir une pâte homogène. 04 Sur une plaque à pâtisserie recouverte de papier parchemin et à l'aide d'une cuillère à soupe, déposer des boules de pâte à biscuit. Laisser une espace assez grand entre chaque biscuit; ils vont s'étendre durant la cuisson. 05 Enfourner et cuire environ 10 minutes.

Chef: Patrice Demers, *chef-pâtissier Les 400 coups, Montréal*

LE CLUB DES AUDACIEUX
Ceux qui n'ont pas de batteur électrique peuvent réussir cette recette en utilisant une cuillère de bois et en battant énergiquement.

TROQUER C'EST DE SANTÉ
On peut remplacer les canneberges par des abricots séchés hachés ou des raisins secs, et les pacanes par des amandes hachées.

PATRICE
DEMERS
Un chef comme coloc !

Pays d'origine
Canada

Années d'expérience en cuisine
11 ans

Nombre de restaurants
1

Nom des restaurants
Les 400 Coups

Recette dont tu es le plus fier
Vert : pomme, pistaches, huile d'olive, coriandre, crémeux yogourt au chocolat blanc

Ton plat favori
Ris de veau

Ton livre de cuisine favori
The Last Course, de Claudia Flemming

Si tu vivais à faibles revenus et que tu ne pouvais manger qu'une seule chose, que choisirais-tu ?
Du fromage

Quelle conserve est essentielle dans une armoire ?
Des tomates italiennes

Une recette très rapide et savoureuse
De l'ananas caramélisé avec miel et vanille

Une recette de gang
N'importe quoi sur le barbecue

Les ingrédients de base à avoir toujours sous la main
De l'huile d'olive

Une épicerie pour 40 $/semaine devrait comprendre quoi ?
Des légumes de base, des œufs, de la volaille et, bien sûr, un peu de fromage…

Trucs et conseils minute pour apprenti-cuisinier
Ne pas se décourager après un échec ; il vaut mieux se réattaquer à la même recette une deuxième fois plutôt que d'essayer toujours de nouvelles recettes

L'instrument essentiel à avoir sous la main dans la cuisine
Une cuillère pour goûter !

Paninis chocolat-banane

4 portions

Coût moyen par portion : 1,60 $

4 pains à panini
4 bananes
250 ml (1 tasse) pastilles de chocolat
60 ml (¼ tasse) arachides grillées et salées

01 Couper les pains à panini en deux sur l'épaisseur. Éplucher les bananes et les couper en tranches d'environ 1 cm (½ po). Déposer les tranches de banane sur la partie inférieure des pains. 02 Sur les bananes, déposer uniformément les pastilles de chocolat et saupoudrer avec les arachides. Refermer les sandwichs. 03 Pour la cuisson, on a le choix : les sandwichs peuvent être grillés dans une presse à paninis ou tout simplement enfournés et cuits à 180 °C (350 °F) une dizaine de minutes, ou jusqu'à ce que les pastilles de chocolat soient bien fondues.

Chef : Patrice Demers, *chef-pâtissier Les 400 coups, Montréal*

Plaque à biscuits

Couteau

Cuillères à mesurer

Tasse à mesurer

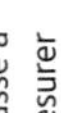

Planche à découper

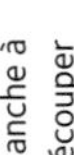

PETIT FUTÉ NUTRITION

Voilà une excellente collation. Les bananes apportent beaucoup de potassium, qui aide à garder les muscles en santé. Les arachides sont remplies de bons gras et de protéines, qui contribuent à la satiété.

LE CLUB DES AUDACIEUX

Si on manque de temps, on peut aussi remplacer les pastilles de chocolat par de la pâte à tartiner chocolat-noisette à l'italienne de type *Nutella*.

Poires caramélisées, biscuits au gingembre, yogourt au miel

4 portions

Coût moyen par portion : 1,50 $

3 poires
80 ml (⅓ tasse) miel
30 ml (2 c. à soupe) jus de citron
8 biscuits au gingembre (de type *ginger snap*)
125 ml (½ tasse) yogourt méditerranéen (10 %)
30 ml (2 c. à soupe) miel

01 Éplucher les poires, les couper en 4 et retirer le cœur. Couper chaque quartier en 4 morceaux. Dans une poêle, chauffer 80 ml (1/3 tasse) de miel à feu vif environ 1 minute. Ajouter les poires et les cuire de 3 à 5 minutes, ou jusqu'à ce qu'elles soient légèrement caramélisées. Ajouter le jus de citron et retirer du feu. 02 Dans un petit bol, mélanger le yogourt et 30 ml (2 c. à soupe) de miel. Déposer les poires au fond de 4 verres, avec un peu de caramel au miel. Écraser légèrement les biscuits et les déposer sur les poires. Garnir d'une cuillère de yogourt.

Chef : Patrice Demers, *chef-pâtissier Les 400 coups, Montréal*

Cuillère de bois
Poêle
Cuillères à mesurer
Tasse à mesurer
Couteau
Planche à découper

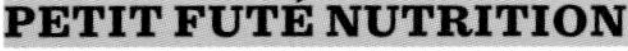

PETIT FUTÉ NUTRITION
Ce dessert élégant fait la preuve que l'on peut se sucrer le bec avec des ingrédients sains et délicieux.

LE CLUB DES AUDACIEUX
Si on n'a pas de poires sous la main, on peut utiliser des pommes ou des pêches en quartiers. Ajuster le temps de cuisson des fruits en conséquence.

Carrés aux dattes

12 portions

Coût moyen par portion : 0,90 $

Garniture
500 ml (2 tasses) dattes hachées
Le jus de 2 oranges
Le zeste de 1 orange
125 ml (½ tasse) eau

Croûte
625 ml (2 ½ tasses) flocons d'avoine
375 ml (1 ½ tasse) farine tout usage non blanchie
250 ml (1 tasse) cassonade tassée
1 pincée sel
5 ml (1 c. à thé) cannelle
1 pincée clou girofle
250 ml (1 tasse) beurre froid coupé en dés

01 Préchauffer le four à 180 °C (350 °F). 02 Dans une casserole, cuire les dattes à feu moyen et à découvert avec le jus, le zeste d'orange et l'eau jusqu'à ce que la garniture forme une pâte qui se tient bien. Réserver. 03 Entre-temps, dans un bol, mélanger les flocons d'avoine, la farine, la cassonade, le sel et les épices. Ajouter le beurre et malaxer à la main jusqu'à ce que les ingrédients forment une pâte grumeleuse. 04 Dans un moule de 23 cm (9 pouces) beurré et fariné, étendre la moitié de la pâte en tassant bien. Ajouter la garniture aux dattes et terminer avec le reste de la pâte. Cuire 35 à 45 minutes. Retirer du four et laisser refroidir avant de découper en carrés.

Moule rectangulaire
Cuillère de bois
Bol
Casserole
Cuillères à mesurer
Tasse à mesurer

PETIT FUTÉ NUTRITION
Les dattes sont une précieuse source d'énergie et contiennent beaucoup de fibres. Ces carrés sont une collation parfaite pour les sportifs.

LE CLUB DES AUDACIEUX
On peut remplacer la moitié du beurre de la garniture de céréales par du beurre d'arachide crémeux ou utiliser de l'huile végétale. On peut aussi faire cette recette avec des abricots.

Fouet
Cuillère de bois
Bol
Casserole

Cuillères à mesurer
Tasse à mesurer

PANNA COTTA AU CHOCOLAT, CRÈME AU CITRON

4 portions

Coût moyen par portion : 1,20 $

Panna cotta chocolat
125 ml (½ tasse) lait
250 ml (1 tasse) crème 35 %
1 sachet gélatine neutre
50 ml (3 c. à soupe + 1 c. à thé) sucre granulé
75 ml (5 c. à soupe) chocolat 64 % cacao

Crème citron
50 ml (3 c. à soupe + 1 c. à thé) jus de citron
100 ml (7 c. à soupe) sucre
2 œufs
75 ml (5 c. à soupe) beurre froid non salé
Fruits frais pour garnir

01 Faire gonfler la gélatine dans 125 ml (½ tasse) d'eau froide. Réserver. 02 Verser le lait et la crème dans une casserole, ajouter le sucre et porter à ébullition. Retirer du feu, ajouter la gélatine gonflée et bien mélanger. Quand la gélatine est bien fondue, ajouter le chocolat et fouetter dans le mélange chaud. 03 Placer la casserole dans un lavabo rempli d'eau froide et brasser quelques minutes pour refroidir le mélange. Ceci évitera la formation d'une peau à la surface. Couler l'appareil dans le fond d'un verre de votre choix et laisser reposer au frigo 1 à 2 heures. 04 Dans une casserole à feu moyen, porter à ébullition le jus de citron avec le sucre. Ajouter les œufs battus et continuer de fouetter sur le feu sans arrêt et énergiquement pour éviter la formation de grumeaux. L'appareil va épaissir et des bulles vont remonter à la surface. 05 Retirer du feu et ajouter tout de suite le beurre en cubes à l'aide du fouet. Refroidir le mélange dans le lavabo rempli d'eau froide, ce qui évitera la formation d'une peau en surface. 06 Verser dans les verres, sur la panna cotta au chocolat. Laisser reposer au frigo 15 à 20 minutes. 07 Garnir de fruits frais, au goût et servir.

Chef : Sébastien Laframboise,
pâtissier restaurant Le Saint-Amour, Québec

LE CLUB DES AUDACIEUX
Le chef pâtissier suggère une garniture de framboises fraîches, qui apportent de l'acidité et se marient bien avec le chocolat.

TROQUER C'EST DE SANTÉ
On peut aussi ajouter de la crème fouettée, des brisures de biscuits au chocolat, tout ce qui nous fait plaisir, quoi !

Petits FRUITS au lait mousseux miel et menthe sauvage

4 portions

Coût moyen par portion : 1,50 $

125 ml (½ tasse) framboises
125 ml (½ tasse) fraises
125 ml (½ tasse) bleuets
125 ml (½ tasse) mûres sauvages
250 ml (1 tasse) lait 3,25 %
60 ml (4 c. à soupe) miel de fleurs sauvages ou sarrasin
75ml (5 c. à soupe) menthe fraîche

01 Dans un bol, mélanger délicatement les fruits (couper les fraises en deux si elles sont trop grosses). Verser le lait avec le miel et la menthe fraîche dans la jarre du mélangeur (ou utiliser un batteur à œufs) et fouetter pendant environ 90 secondes. Passez au tamis fin. Répartir les fruits dans 4 bols et verser le lait mousseux dessus. Garnir avec de la menthe fraîche et servir immédiatement avec des biscuits.

Chef : Alexandre Loiseau, *Bistro Cocagne, Montréal*

Mélangeur

Bol

Tasse à mesurer

Cuillères à mesurer

PETIT FUTÉ NUTRITION
Les petits fruits rouges et bleus sont parmi les végétaux qui apportent le plus de bienfaits pour la santé à cause de leurs pigments de couleur vive. Ce sont des antioxydants, qui protègent nos cellules contre les dommages causés par les rayons ultraviolets, le vieillissement ou la pollution atmosphérique.

PARESSEUX ORGANISÉ
Cette recette est la meilleure façon de déguster les petits fruits de saison lorsqu'ils sont à leur summum de saveur et au meilleur prix. On peut aussi n'utiliser qu'une ou deux variétés, selon leur disponibilité.

MES
RECETTES

MES RECETTES

REMERCIEMENTS DE JEAN-FRANÇOIS ARCHAMBAULT

Un livre, c'est une belle aventure dans laquelle j'aime toujours plonger, surtout quand j'ai la chance de travailler avec des gens de grand talent, comme ceux qui se sont impliqués avec tout leur cœur dans ce projet. J'aimerais remercier les personnes suivantes pour leur patience et leur dévouement, leur énergie, leur minutie et leur professionnalisme, qui ont permis de réaliser *Kuizto* et le coffre à outils dans le plaisir : Anne-Louise Desjardins et son conjoint Laurent Lavigne, Jean-François Goodhue, Sébastien Provost, Hugo Lambert et l'équipe de G Branding, Maxime Juneau-Hotte, les chefs François Blais, Jean-Luc Boulay (et sa bande de jeunes surdoués Nicolas Drouin, Sébastien Laframboise, Stéphanie Lavergne et Sabrina Lemay), Patrice Demers, Audrey Dufresne, Jérôme Ferrer, Normand Laprise, Ricardo Larrivée, Alexandre Loiseau, Danny Saint-Pierre, Diane Tremblay. Merci à Mario Gagnon, directeur de l'École hôtelière de Laval, qui nous a permis de squatter ses cuisines durant les séances de photo et à Stéphanie Tremblay, qui a assisté notre photographe Maxime pendant les séances de stylisme photo. Merci à nos très sympathiques comédiens, qui se sont prêtés au jeu de la figuration: Peter Zhao, Rony Civil, Émilie Alderson, Émilie Parra, Monika Morelli, Thierry Juneau-Hotte et Guillaume Jacques.

Un merci tout spécial à Julie Cantoro, notre chef-enseignante chevronnée, pour ses conseils, ses recettes et son dévouement. C'est Julie qui, au fil des ans, a monté tous les programmes d'ateliers et ceux du camp culinaire Taillevent, pour les jeunes, à la Tablée des Chefs. Merci aussi pour ton inspiration, ta bonne humeur communicative et le soutien indéfectible que tu procures, autant aux autres chefs-enseignants qu'à nos cuistots.

Une agréable rencontre avec Stéphane et Jean, aux Éditions Transcontinental, nous aura permis de réaliser notre rêve de voir ce livre publié pour le grand public et distribué gratuitement à des milliers de jeunes. Merci de croire en moi et dans la mission de La Tablée. Merci à Mathieu pour son expertise, sa disponibilité et ses judicieux conseils.

Merci à l'équipe de l'Association des centres jeunesse du Québec, particulièrement à Jean-Pierre Hotte, qui a eu foi dès le départ dans ce projet de coffre à outils et de livre, à Jean Boislard, Amélie Morin, Jean Desmarais, Jean Caron et tous les éducateurs et familles d'accueil qui travaillent si fort pour améliorer le sort de ces milliers de jeunes en difficulté, partout au Québec.

Merci au Secrétariat à la jeunesse, à Claude Pelletier et Manon Paquette, ainsi qu'aux membres du conseil d'administration de Québec en forme pour avoir aussi cru en ce beau projet et à la Fondation Québec Jeunes pour son support.

Merci à Robert Trudeau et Josée de Lafontaine, ainsi qu'à toute l'équipe de Trudeau Corporation.

Merci à toute mon équipe et aux membres du conseil d'administration de La Tablée pour la conviction et l'enthousiasme avec lesquels vous me suivez dans mes rêves les plus fous.

Merci à ma mère Monique et à Pol Martin pour un brin d'inspiration.

Merci à Geneviève, Daphnée et Delphine pour partager ma vie et me permettre d'aider les autres.

Jean-François Archambault
Directeur général et fondateur
de La Tablée des Chefs